汽车涂装技术

天津职业技术师范大学汽车职业教育研究所　组编

主　编　刘海峰
副主编　张宝运
参　编　张　民　张　宁　卢炳朋
主　审　侯朋朋

机械工业出版社

本书依据喷漆岗位典型工作任务,采用项目化教学方法进行编写,主要内容包括场地安全与施工防护、底材处理、原子灰施工、喷涂、塑料件喷涂、颜色微调六个项目,每个项目包含若干任务和活动。全书图文并茂,操作步骤详细,操作指导性强。

本书适用于职业院校汽车类相关专业,也可以供汽车钣金或涂装技术培训机构使用,同时也可作为汽车涂装从业人员的学习参考书。

为了便于学生自学和教师的教学,本书配有免费电子课件、工作页、相关动画视频和习题答案。另外,本书还嵌入了多个二维码,用手机扫一扫便可观看相关视频与动画。凡选用本书作为授课教材的教师,均可登录www.cmpedu.com,以教师身份注册下载教学资源。咨询电话:010-88379201。

图书在版编目(CIP)数据

汽车涂装技术/刘海峰主编. —北京:机械工业出版社,2024.6
ISBN 978-7-111-75938-6

Ⅰ.①汽⋯ Ⅱ.①刘⋯ Ⅲ.①汽车-涂漆 Ⅳ.①U472.44

中国国家版本馆 CIP 数据核字(2024)第 107777 号

机械工业出版社(北京市百万庄大街22号 邮政编码100037)
策划编辑:于志伟 责任编辑:于志伟
责任校对:肖 琳 王 延 封面设计:鞠 杨
责任印制:李 昂
北京捷迅佳彩印刷有限公司印刷
2024年7月第1版第1次印刷
184mm×260mm・7.5印张・143千字
标准书号:ISBN 978-7-111-75938-6
定价:35.00元

电话服务 网络服务
客服电话:010-88361066 机 工 官 网:www.cmpbook.com
　　　　　010-88379833 机 工 官 博:weibo.com/cmp1952
　　　　　010-68326294 金 书 网:www.golden-book.com
封底无防伪标均为盗版 机工教育服务网:www.cmpedu.com

前　言

我国的汽车保有量逐年递增，交通环境日益复杂，每年车辆的剐蹭事故也逐年增多；与此同时，随着新技术的快速发展，汽车车身材料和结构发生了较大变化，车身喷漆的工艺和技术也不断更新。这对汽车维修业，尤其是汽车车身喷漆专业人才的培养提出了更高的要求。

本书坚持正确的政治方向，以国家和社会的需求为导向，以专业人才培养目标为依据，以所在专业能力结构为主线，将习近平新时代中国特色社会主义思想和党的二十大精神融入教材，以全力打造精品教材为出发点，以每一个项目、每一个任务、每一幅插图为落脚点，全面落实立德树人的根本任务，发挥铸魂育人的作用。本书特点如下：

1）依据喷漆岗位典型工作任务，采用项目化教学方法进行编写。

2）教材体例上采用"项目—任务—活动"的形式，以工作过程为核心，侧重具体的操作过程。

3）项目中注重工作安全的提醒和对学生工作过程的评价。

4）图文并茂，步骤详细，便于读者理解。

本书由天津职业技术师范大学汽车职业教育研究所组织编写，刘海峰担任主编，张宝运担任副主编，张民、张宁、卢炳朋参加编写，侯朋朋担任主审。

本书在编写过程中参考了许多资料，特别是有关维修生产线的资料给了编者许多有益的启示和帮助，在此一并向相关作者致谢。天津闻达天下科技有限责任公司在本书编写过程中提供了大量的技术支持，在此表示衷心的感谢。

由于编者的水平有限，书中难免有疏漏之处，恳请广大读者给予批评指正。

编　者

二维码清单

名称	图形	名称	图形
中涂底漆打磨		中途底漆喷涂	
原子灰打磨		清漆喷涂	
色漆喷涂		防护用品使用	

目 录

前言

二维码清单

项目一　场地安全与施工防护 ·· 1

　　任务一　熟知场地安全 ··· 1

　　任务二　施工防护 ··· 5

　　任务三　场地准备与接车 ·· 14

项目二　底材处理 ·· 18

　　任务一　损伤评估 ·· 18

　　任务二　清除旧漆层 ·· 22

项目三　原子灰施工 ·· 32

　　任务一　刮涂原子灰 ·· 32

　　任务二　原子灰打磨 ·· 39

项目四　喷涂 ·· 45

　　任务一　中涂底漆喷涂 ·· 45

　　任务二　中涂底漆打磨 ·· 49

　　任务三　面漆喷涂 ·· 52

　　任务四　清漆喷涂 ·· 57

　　　　任务五　过渡喷涂 …………………………………………………… 62

　　　　任务六　抛光 ………………………………………………………… 78

项目五　塑料件喷涂 ……………………………………………………… 84

项目六　颜色微调 ………………………………………………………… 98

参考文献 …………………………………………………………………… 113

项目一

场地安全与施工防护

任务一 熟知场地安全

任务描述

汽车涂装车间是汽车 4S 店和修理厂安全隐患最大、环境污染最重的区域，做好涂装车间安全管理，妥善进行涂料的保管与处理，采取合理的环保措施减少环境污染是汽车维修企业永恒的话题。另外，涂料仓库也是汽车涂装车间安全隐患和环境污染最大的场所之一。作为汽车涂装车间工作人员，需要怎样进行安全管理和环保处理呢？

任务目标

素养目标	能力目标	知识目标
1）通过查阅资料，培养学生信息获取与分析问题的能力 2）通过小组合作/培养学生自主学习、团队合作意识 3）在实际学习过程中培养学生的安全环保意识	1）能够正确使用与维护设备 2）能够正确处理涂装过程中产生的废液、废气、废渣 3）能够正确规范地完成设备的使用与维护	1）熟悉车间安全管理规范 2）掌握车间防火设施配备要求

活动一 车间安全管理

汽车涂装车间安全主要有车间的车辆安全、易燃物品的保管与使用安全、场地人员安全和防火防爆安全等，严格进行车间安全管理是消除安全隐患的根本途径。汽车涂装车间的污染物是指涂装过程中产生的废液、废气、废渣。为减少环境污染，必须对这些污染物进行处理。汽车涂料仓库的设备配备、涂料管理和制度约束等的设计和实施要根据安全与环保两大主题展开。

1. 车间车辆的安全管理

1）在汽车上作业时，汽车的制动装置必须处于有效的制动位置，以防止其溜车。

2）在汽车下面作业时，必须先将汽车支离地面。

3）刚进厂的车辆不宜马上进行作业，以免被排气管和散热器等灼热物烫伤。

4）在车间内移动汽车时，一定要先查看四周。

2. 易燃物品的安全管理

1）在存放易燃性液体的场所，应对火源实施严格的监控。

2）输送桶装溶剂时，要用专用泵通过桶上的孔抽送，不允许侧倒装运。抽送完毕，应将容器盖盖紧。

3）用散装容器运送易燃溶剂时要特别小心。溶剂桶应接地，以防止静电引起火灾。

4）用于喷涂的涂料必须存放在金属柜中（切勿用木柜），储存室内应充分通风。

5）喷涂程序：喷涂之前打开通风系统→开启喷涂场地光源→清除可燃残余物→喷涂→涂料干燥（保持通风）。

6）切勿在蓄电池附近进行打磨作业，以防蓄电池放出的氢气遇火星爆炸。

3. 防火设施的配备

1）涂装车间的所有结构件都应采用耐火材料制成。

2）使用易燃涂料的涂装车间属于火灾危险区，应采取相应的消防措施，一般应布置在厂房的旁边，并用防火墙将其与其他车间隔开。涂装现场、仓库等地应设置避雷装置。

3）涂装车间的门应开在离外出口最近的地方，而且门要朝外开，通向安全门的通道要保持畅通无阻。

项目一 场地安全与施工防护

4. 车间其他安全管理

1）车间所有场地应保持清洁、有序，地板上的油液和积水一定要及时清除干净。

2）操作者的正规工作区要用防滑地板装修地面，并划分每个人的工作地段。

3）报警电话应放置在明显的位置。

4）确保有毒物质不会通过下水道排到公共水道中。

5）任何擦拭过溶剂的抹布、纸等废料必须统一存放在金属容器内，以免引起火灾。

活动二 熟知场地安全

1. 涂装工具与设备的安全使用

涂装车间使用的工具和设备有手动工具、电动工具、气动工具和一些大型设备等，正确使用这些工具和设备是安全生产的根本保证。使用涂装工具和设备的安全注意事项如下：

1）手动工具要保持清洁和完好。应经常清洁工具，检查其表面是否有破损，以免使用时发生机械事故，造成人身伤害。

2）使用锐利或有尖角的工具时应当小心，以免被划伤。

3）不要将旋具、钻头、冲头等锋利工具放在口袋中，以免伤及本人或划伤汽车表面。

4）专用工具只能用于专门的操作，不能挪作他用。

2. 涂装安全操作规程

安全操作规程是指在生产过程中安全使用工具、设备的规定。汽车涂装工作条件较差，操作者大多在充满溶剂气体的环境中作业，不安全因素较多。为了保证生产安全，操作者必须熟知汽车涂装的作业特点及工具、设备的安全操作方法。

（1）涂装人员安全操作规程

1）操作前根据作业要求，穿好连体工作服和安全鞋，戴好工作帽、口罩、手套、鞋罩和防护面具。

2）操作场所应通风良好。

3）在使用钢丝刷、锉刀、气动或电动工具进行表面处理时，需佩戴护目镜，以免眼睛受伤，粉尘较多时应戴防护口罩，以防呼吸道受损。

4）用碱液清除旧涂膜时，必须戴乳胶手套和护目镜，并穿戴涂胶围裙和鞋罩。

5）剩余涂料和稀释剂等应妥善保管，以防挥发。

6）喷涂结束后，将设备和工具清理干净并妥善保管，操作现场应保持清洁，用过的残漆、废纸、废砂纸等要放置到专用垃圾箱内。

(2) 空气压缩机安全操作规程

1）空气压缩机应设专人使用和管理，非专管人员不得随意启动机器。

2）使用前应认真检查空气压缩机、电动机及其控制装置，启动后试运转片刻，一切正常无误后再投入使用。

3）在工作中，工作人员严禁与其他人员闲谈或随意离开机房，以防发生事故。

(3) 电动、气动工具安全操作规程

1）检查各部件外部安装是否牢固，紧固连接是否可靠，电缆及插头有无损坏，开关是否灵活等。

2）使用前应检查电动工具所用电压是否符合铭牌规定。尽量使用220V电源，并确保设备接地线连接可靠。接通电源空运转，检查有无异响。

3）使用中发现异常现象（如火花、异响、过热、冒烟或转速过低等）应立即停止使用，并由专业维修人员进行检修（不得擅自拆卸）。

4）使用气动工具时，应防止连接不牢固而造成压缩空气损失和人身事故。

5）电动、气动工具必须在关闭且完全停稳后才能放下，转动着的工具不得随处放置。

6）电动、气动工具应及时维护，以确保其清洁及可靠润滑。电气设备与元件应存放在干燥处，以防止受潮与锈蚀。

(4) 照明装置安全操作规程

1）应使用防爆灯作为照明装置。

2）工作灯必须使用 36V 以下的安全电压。

3）开关应为密封式，操作要灵活、轻便。

（5）喷-烤漆房安全操作规程

1）在喷-烤漆房内不得进行喷涂以外的作业。

2）应按说明书规定使用和保养喷-烤漆房，并应由专人管理。

3）定期更换过滤材料和清除风道内的漆尘及污物。

4）进行喷漆前应先启动喷-烤漆房风机。

任务二　施工防护

任务描述

汽车油漆工小张最近经常出现咳嗽、疲劳、头疼、胸闷、四肢无力等症状，诊断结果是小张在从事汽车涂装作业时未采取任何防护措施，长期处于通风条件差的涂装环境，呼吸功能受到了一定损害。作为汽车涂装从业者，应该掌握哪些安全防护知识？采取哪些安全防护措施呢？

任务目标

素养目标	能力目标	知识目标
1）通过查阅资料，培养学生信息获取与分析问题的能力 2）在佩戴防护用品过程中增强学生安全防护意识 3）通过小组合作，培养学生自主学习、团队合作意识	1）能够通过查阅资料，获取防护用品的种类 2）能够通过防护用品的学习正确使用防护用品	1）了解汽车涂装作业对人体的损害 2）熟悉防护用品的作用

活动一　知识准备

1. 涂装作业对人体的危害

在汽车涂装作业中，汽车涂料及挥发的气体、涂装作业的粉尘等都能对作业人员的身体产生不同程度的损害，使操作者出现急、慢性中毒，甚至会导致作业人员患上职业疾病，如图1-2-1所示。

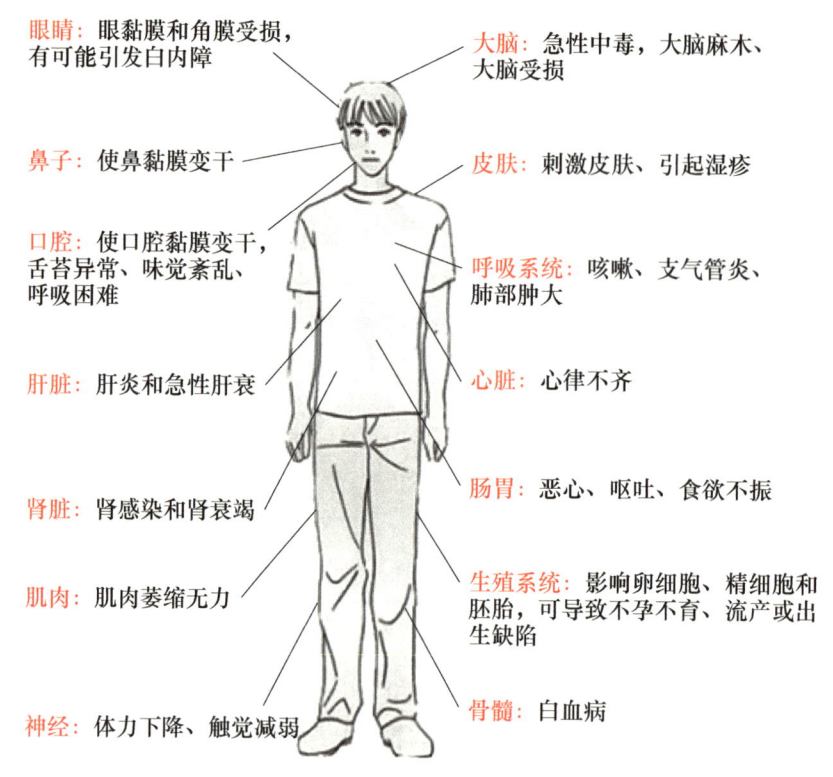

眼睛：眼黏膜和角膜受损，有可能引发白内障

大脑：急性中毒，大脑麻木、大脑受损

鼻子：使鼻黏膜变干

皮肤：刺激皮肤、引起湿疹

口腔：使口腔黏膜变干，舌苔异常、味觉紊乱、呼吸困难

呼吸系统：咳嗽、支气管炎、肺部肿大

肝脏：肝炎和急性肝衰

心脏：心律不齐

肾脏：肾感染和肾衰竭

肠胃：恶心、呕吐、食欲不振

肌肉：肌肉萎缩无力

生殖系统：影响卵细胞、精细胞和胚胎，可导致不孕不育、流产或出生缺陷

神经：体力下降、触觉减弱

骨髓：白血病

图1-2-1　涂装作业对人体的损害

另外，汽车涂装用的空气压缩机、喷-烤漆房、红外线烤灯等机电设备均使用交流电，车辆、各种气动工具和设备本身也存在许多不安全因素，很容易引发事故。漆雾、有机溶剂蒸气、粉尘与空气混合达到一定浓度，接触明火会引起火灾或爆炸事故。因此，无论是汽车涂装的操作者还是管理人员，都有义务做好安全防护措施，严格遵守汽车涂装的安全操作规程，正确处理火灾，以减少人员伤亡和财产损失。

2. 汽车涂装作业的安全防护措施

为保障操作人员的身体健康，涂装车间应有切实的安全防护措施，并对操作人员进行安全防护教育和培训，使操作人员具备必要的安全防护知识，同时也是涂装质量获得保证的必要措施。

（1）防护服

面料轻盈、坚韧、透气，穿着舒适、缝边缝合牢固、耐久的连体防护服能有效地隔绝漆雾与喷漆工人的身体接触,如图 1-2-2 所示。防护服具有防静电功能,能有效地阻止灰尘、纤维和毛发等的吸附,使汽车喷漆车间的环境尽可能达到无尘要求,体现完美的涂装效果。

(2) 安全鞋

防砸、防穿刺、耐油、防滑、绝缘、防静电的安全鞋能更好地保护喷漆工人,如图 1-2-3 所示。

图 1-2-2 防护服 　　　　图 1-2-3 安全鞋

(3) 一次性乳胶手套

一次性乳胶手套具有较强的摩擦力,同时,也可以防止有毒物质与手直接接触,用于原子灰刮涂、调漆、喷漆等接触化学溶剂的场合,如图 1-2-4 所示。

(4) 棉质劳保手套

棉质劳保手套具有耐磨、透气、柔软、防火、防静电等特点,如图 1-2-5 所示。棉质劳保手套可用于打磨和搬运工件等场合。

(5) 防尘口罩

防尘口罩能过滤空气中的粉尘等微粒,防止进入人的呼吸系统,影响人的身体健康,如图 1-2-6 所示。防尘口罩可应用于打磨等有接触的场合。

图 1-2-4　一次性乳胶手套

图 1-2-5　棉质劳保手套

图 1-2-6　防尘口罩

(6) 过滤式口罩

过滤式口罩的作用是将含有害物的空气通过口罩的滤芯过滤净化后再被人吸入。过滤式口罩用于调漆和喷漆等接触有毒气体的场合,如图 1-2-7 所示。

(7) 全面式供气面罩

轻便无硅、抗溶剂的全面式供气面罩能更有效保护脸部、头发和颈部不受漆雾的伤害,戴眼镜、长头发和留胡子的人都适合佩戴,如图 1-2-8 所示。新鲜的空气通过消声器持续、稳定地输送到面罩里。

(8) 护目镜

护目镜能有效地避免工作人员的眼睛受到粉尘、漆雾、飞溅的液体等伤害,如图 1-2-9 所示。

(9) 耳塞

耳塞能隔绝噪声,保护听力,用于打磨等噪声较大场合,如

图 1-2-10 所示。

图 1-2-7　过滤式口罩

图 1-2-8　全面式供气面罩

图 1-2-9　护目镜

图 1-2-10　耳塞

> **注意：**
> 在任何施工中，粗心大意最容易导致事故的发生。正确佩戴个人防护用具方可保证安全施工。

活动二　实训器材准备

1. 防护用品准备
防护用品准备，如图 1-2-11 所示。

2. 人员准备
参训学生穿戴好防护用品，将实训用品摆放整齐，等待老师指令。

棉质劳保手套　　一次性乳胶手套(薄)　　一次性乳胶手套(厚)　　防尘口罩

过滤式口罩　　　　　　护目镜　　　　　　　　工作帽

图 1-2-11　防护用品准备

活动三　防护用品穿戴练习

1. 检查工位设备工具

检查工位设备工具是否可以正常使用。

2. 佩戴防尘口罩

1）将防尘口罩从袋中取出，检查防尘口罩带子是否完好，如图 1-2-12 所示。

图 1-2-12　检查防尘口罩带子是否完好

项目一　场地安全与施工防护

2）佩戴防尘口罩，如图 1-2-13 所示。

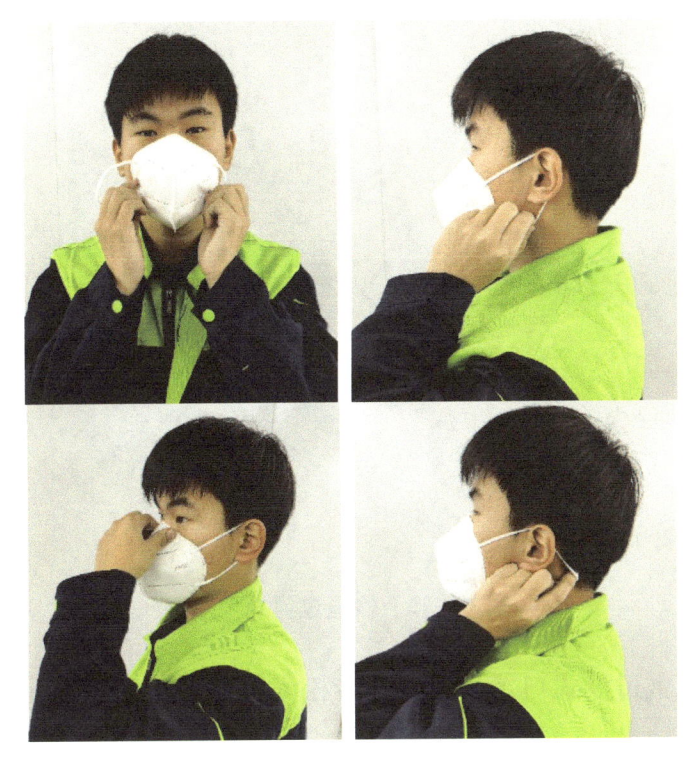

图 1-2-13　佩戴防尘口罩

检查防尘口罩密闭性，佩戴完毕，如图 1-2-14 所示。

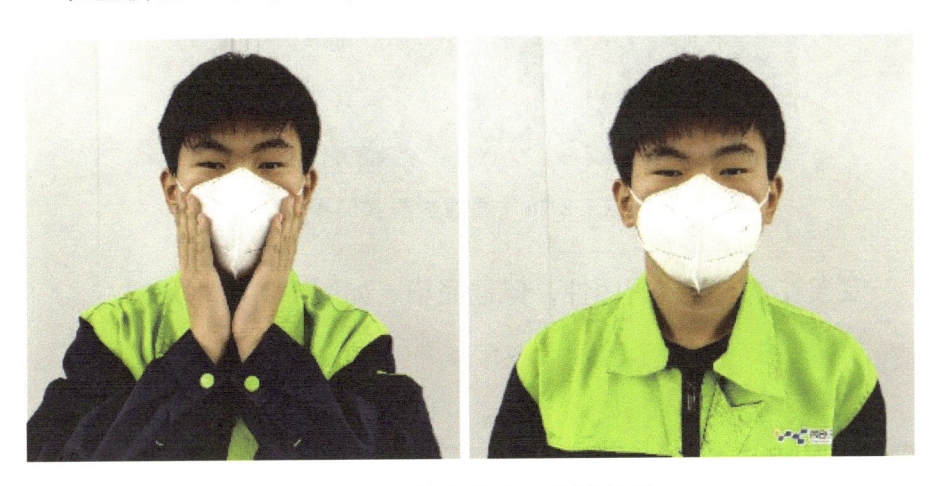

图 1-2-14　检查防尘口罩密闭性

3. 佩戴过滤式口罩

1）取过滤式口罩，检查两个活性炭过滤盒及滤棉，如图 1-2-15 所示。

图 1-2-15　检查过滤式口罩

2）佩戴过滤式口罩，调整头带松紧，如图 1-2-16 所示。

图 1-2-16　佩戴过滤式口罩

检查过滤式口罩密闭性，佩戴完毕，如图 1-2-17 所示。

图 1-2-17　检查过滤式口罩密闭性

4. 佩戴护目镜

检查、佩戴护目镜，如图 1-2-18 所示。

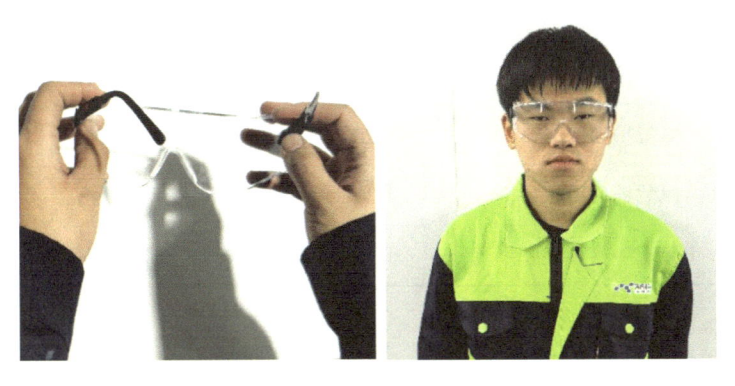

图 1-2-18　检查、佩戴护目镜

5. 佩戴棉质劳保手套

检查、佩戴棉质劳保手套，如图 1-2-19 所示。

图 1-2-19　检查、佩戴棉质劳保手套

6. 佩戴一次性乳胶手套

检查佩戴一次性乳胶手套，如图 1-2-20 所示。

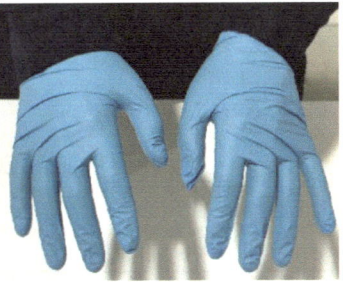

图 1-2-20　检查佩戴一次性乳胶手套

活动四　教学评价

教学评价要按照防护用品穿戴考核评分表进行，见表 1-2-1。

表 1-2-1　防护用品穿戴考核评分表（100 分）

考核时间	考核项目	配分	评分标准	得分
10min	佩戴防尘口罩	20	佩戴不正确扣 20 分	
	佩戴过滤式口罩	20	佩戴不正确扣 20 分	
	佩戴护目镜	20	佩戴不正确扣 20 分	
	佩戴棉质劳保手套	20	佩戴不正确扣 20 分	
	佩戴一次性乳胶手套	20	佩戴不正确扣 20 分	

任务三　场地准备与接车

任务描述

张先生的 2016 款一汽大众迈腾左前翼子板损伤，张先生电话预约 4S 店进店维修，现已到店。需要你对张先生进行引导，并做好车辆前期的检查工作。

任务目标

素养目标	能力目标	知识目标
1）在与客户的沟通过程中锻炼学生的语言表达能力、沟通交流能力 2）在绕车检查过程中培养学生细致、认真的工作态度 3）在实际任务完成过程中培养学生的服务意识	1）能够流畅地与客户沟通、交流 2）能够完成车辆绕车检查 3）能规范填写接车单	1）了解与客户沟通的注意事项 2）掌握绕车检查的项目内容

活动一　引导车辆

引导车辆进入指定工位，待顾客下车，提醒顾客保管好车内的物品，如图 1-3-1 所示。

项目一　场地安全与施工防护

活动二　绕车检查

绕车一周，检查车身有无破损、剐蹭，玻璃、天窗是否关闭，发现异常情况及时向车主说明情况，如图 1-3-2 所示。

图 1-3-1　引导车辆进入指定工位　　　图 1-3-2　绕车检查

活动三　填写接车单

对照施工单上的内容认真填写服务项目、车辆信息、车牌号码、车主电话，记录车辆里程数、油表油量等信息，如图 1-3-3 和图 1-3-4 所示。

图 1-3-3　填写接车单（一）

活动四　引导客户

1）引导客户进入维修接待区并确认维修项目，填写维修服务单，如图 1-3-5 所示。

2）引导客户进入客户休息区等待，如图 1-3-6 所示。

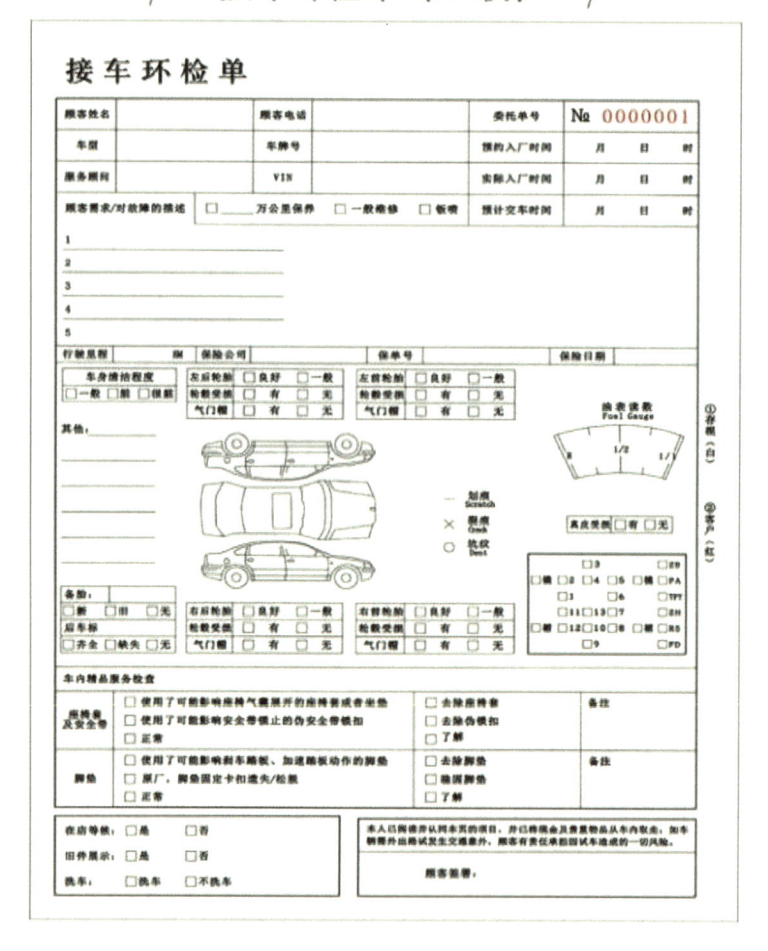

图 1-3-4　填写接车单（二）

a) 维修接待区 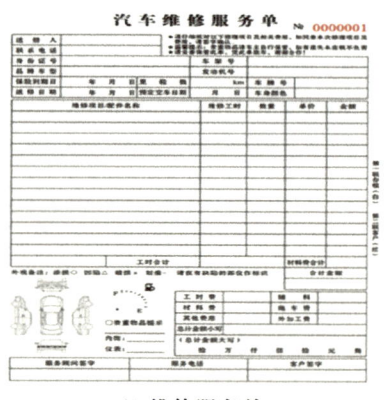　　　　b) 维修服务单

图 1-3-5　填写维修服务单

图 1-3-6　客户休息区

活动五　教学评价

教学评价要按照维修接待考核评分表进行，见表1-3-1。

表 1-3-1　维修接待考核评分表（100分）

考核时间	考核项目	配分	评分标准	得分
5min	绕车检查	60	绕车检查项目漏检一处扣10分	
	接车单填写	20	填写不规范一处扣10分	
	维修服务单填写	20	填写不规范一处扣10分	

项目二

底材处理

任务一　损伤评估

任务描述

张先生的2016款一汽大众迈腾左前车门损伤，在经过清洁除油处理之后，损伤和钣金修复过的痕迹清晰可见，损伤涂层已经破裂，为了确定损伤范围和维修成本，需要你对损伤区域进行评估分析，保证维修品质。

任务目标

素养目标	能力目标	知识目标
1）通过查阅资料，培养学生信息获取与分析问题的能力 2）在评估过程中注重培养学生耐心、细致的工作态度 3）通过小组合作，培养学生自主学习、团队合作意识 4）在实际任务完成过程中培养学生的服务意识	1）能够通过查阅资料获取损伤评估的方法 2）能够正确运用损伤评估的方法完成对板件的损伤评估 3）能够正确对比三种损伤评估的特点 4）通过小组合作，能正确分析损坏程度，完成评估	1）了解损伤评估的作用 2）掌握三种损伤评估的方法

活动一　知识准备

评估损坏程度的方法有目测评估法、触摸评估法和钢直尺评估法三种，一般在工作时需要综合运用使用。

1. 目测评估法

1）将工件移至光线充足的地方，根据光照射工件表面的反射情况，评估变形的程度及受影响的面积大小。

2）改变观察的位置，从不同方向进行检查，评估出整个待涂装表面的损坏程度及范围，并用记号笔将变形区域做上记号。

稍微改变观察角度，即可看到微小的变形。但是只适合工件表面亮度较高的情况，对于无光或光泽不好的工件不易评估。也不能在强光下进行，因为强光会影响人的观察能力。

2. 触摸评估法

1）戴上棉质劳保手套。

2）将手指并拢并轻轻地平放在受损的区域外，再慢慢地向受损区域内移动，不要对工件施加压力，注意力集中在手掌上，体会手掌在工件表面滑动的感觉，为了能准确地找到受损区域的不平整部分，手移动的范围要大，要包括没有被损坏的区域。如果手掌在滑动时有波动或感觉跟其他没有问题的工件表面形状不同，即表示有变形。

3）从不同的方向按照上一步的方法继续触摸受损区域及变形量的大小，同时用记号笔将变形区域做上记号。

此法能较好地利用手上的感觉判断凹陷变形程度。

3. 钢直尺评估法

将钢直尺放在车身损坏区域的部位，检查车身和钢直尺间的间隙。评估被损坏的和未被损坏的车身板之间的间隙相差多少，并据此判断变形的程度。

> **注意：**
> 实际评估时，通常是各种方法综合运用，以获得准确的评估结果。在评估过程中，一定随时做好记录，以便为后续的维修方案制订提供依据。

活动二　施工前准备

1. 实训器材准备

带有损伤的板件、钢直尺和记号笔，如图 2-1-1 所示。

a) 带有损伤的板件　　　　b) 钢直尺　　　　c) 记号笔

图 2-1-1　实训器材准备

2. 人员准备

参训学生穿戴好防护用品，将实训用品摆放整齐，等待老师指令。

活动三　施工

1. 检查工位设备工具

检查工位设备工具是否可以正常使用。

2. 目测评估

进行目测评估，如图 2-1-2 所示。

a) 在充足的光线下眼睛观察　　　　b) 做记号

图 2-1-2　目测评估

3. 触摸评估

进行触摸评估，如图 2-1-3 所示。

4. 钢直尺评估

进行钢直尺评估，如图 2-1-4 所示。

5. 7S 整理

整理工位，将工具设备归位。

项目二　底材处理

a) 用手掌触摸　　　　　　　　b) 做记号

图 2-1-3　触摸评估

图 2-1-4　钢直尺评估

活动四　教学评价

教学评价要按照损伤评估考核评分表进行，见表 2-1-1。

表 2-1-1　损伤评估考核评分表（100 分）

考核时间	考核项目	配分	评分标准	得分
10min	安全防护	10	未按照要求穿戴防护用品每种扣 2 分	
	损伤评估	80	评估方法不正确扣 30 分	
			没有标记出评估范围扣 20 分	
			损伤区域、损伤范围标记错误扣 30 分	
	7S 整理	10	操作完毕后未恢复原位扣 1~10 分	

任务二　清除旧漆层

任务描述

张先生的 2016 款一汽大众迈腾左前车门损伤，现在已经通过损伤评估确定了维修范围，接下来要清除损伤区域内的旧漆层，并对工件损伤处进行羽状边制作。

任务目标

素养目标	能力目标	知识目标
1）通过自主查阅资料培养学生信息获取与分析问题的能力 2）按照企业规范操作，培养学生安全操作、耐心细致、精益求精的工作态度与爱岗敬业的职业素养	1）能自主查阅资料，辨别旧漆层类型 2）能按照企业规范正确运用打磨设备清除旧漆层 3）能按照企业规范正确运用打磨工具打磨羽状边	1）了解旧漆膜侧分类 2）掌握打磨工具、砂纸的使用方法 3）了解清除旧漆层的原因 4）掌握羽状边的作用

活动一　知识准备

1. 清洁除油

工件表面上的一些顽固的油脂、润滑油、污垢、石蜡、硅酮抛光剂以及手印等是很难彻底清除干净的，如果不及时去除，可能会影响后续涂层的附着力以及涂膜表面的质量等。

将除油剂均匀地喷到工件表面，如果需要清洁除油的面积较小，建议一次喷完整个表面；如果需要清洁除油的面积较大，建议分块进行喷涂，原则是要保证在下一步擦拭之前除油剂不能干燥。擦拭时也应该经常更换干净的擦拭布，防止重复污染，在干燥之前擦拭干净，否则等除油剂干燥之后，刚刚浸润的油脂、车蜡等又会牢固地附着在工件表面，再用干布擦拭达不到清除的效果。在擦拭的过程中，应该经常更换干净的擦拭布，防止重复污染，对已经清洁除油的表面禁止触摸。

2. 鉴别旧涂层类型

鉴别待涂表面的涂料类别和底材类型在重涂工艺中是非常重要的。如果旧涂层或底材没有正确的鉴别，盲目地进行施工，那么很容易出现新旧涂层或新涂层与底材间的不配套，导致整个涂装工作的返工。

待清洁后，需对维修车辆面漆的类型进行鉴别，采用合理的方法评估面漆层是素色漆还是银粉漆、珍珠漆等。如果是素色漆，还需判断是单工序素色漆还是双工序素色漆，是热固性涂层还是热塑性涂层。检查原涂层是热塑型涂层还是热固型涂层，检查方法是使用干净的白布，蘸湿硝基稀释剂擦拭损伤部位的涂层，如果涂层掉色或擦拭后出现比较严重的失光，则说明旧涂层可能采用的是硝基漆或热塑性丙烯酸涂料等溶剂挥发型涂料，或者是采用了氧化聚合型或双组分聚合型，但由于施工不当或施工条件原因聚合反应进行得不够充分，导致还可以溶解。为避免将来喷涂时出现咬底等缺陷，对于以上情况的漆膜可以采用两种处理方法：一种是打磨去除至裸金属，另一种是打磨后喷涂隔离性较强的中涂底漆。

3. 清除旧涂层

变形区域内的旧涂层，就算表面油漆状况再好，其涂层与底材的附着力已经受到了不同程度的影响，为了保证涂装质量，应该在涂新涂层之前对所有变形区域内的旧涂层进行彻底的清除，如图 2-2-1 所示。如不完全去除，漆面修复后会造成涂层缺陷。

4. 打磨羽状边

在清除损伤区涂层后，在原子灰刮涂之前须产生一个宽的、平滑的边缘，以增加附着力，此时可以将涂层边缘打磨，形成一个缓和的斜坡，这个斜坡就是羽状边。规范的羽状边，要求打磨后过渡平顺，用手触摸底材和涂层，不能明显地感触到有台阶，如图 2-2-2 所示。羽状边在干磨工艺中非常的重要，打磨的好坏会直接影响原子灰施工后的平整度。好的羽状边有利于原子灰与底材间的附着力，平滑的羽状边还能降低原子灰层的厚度，以达到作业标准（原子灰层厚度不超过 3mm）。如果羽状边未打磨或打磨后不符合要求，施涂面漆以后，会出现原子灰印，严重时原子灰会开裂或脱落。

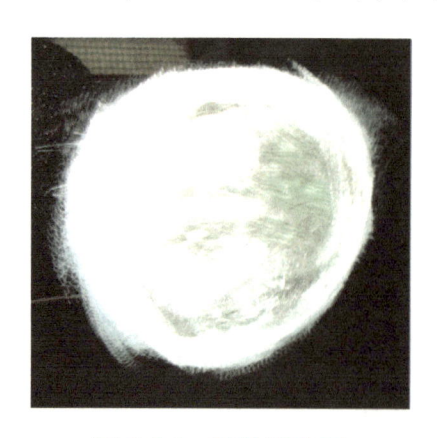

图 2-2-1　清除旧涂层　　　　图 2-2-2　羽状边

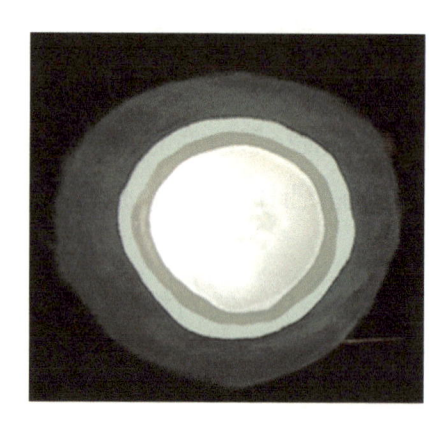

5. 防锈处理

防锈处理作为底材处理最后一道工序非常关键。新车在生产线上喷涂时，为防止金属表面腐蚀，提高附着力，需进行防锈处理。在修补时，也不能在裸露的钢板表面直接喷漆，也须进行防锈处理。目前，汽车修补漆作业中常用的防锈处理是采用施涂环氧底漆和侵蚀底漆。环氧底漆不但有较强的耐蚀性，且能提供较高的附着力，方便下道原子灰施工或中涂底漆喷涂，而施涂侵蚀底漆后便不可进行原子灰施工。其施工可采用喷涂或刷涂两种方式，一般较小面积时可采用刷涂的方式，如面积较大或者整板施涂时可采用喷涂（采用 1.3 口径的面漆喷枪）的方式。环氧底漆施工只要求一个连续的薄层即可，只需要 15~20μm，无须喷涂太厚，以免增加涂料消耗及漆层闪干时间，降低工作效率。

活动二　施工前准备

1. 实训前准备的器材

空气压缩机、工件、打磨设备、砂纸、吹尘枪、除油剂、除油布、环氧底漆等，如图 2-2-3 所示。

2. 人员准备

参训学生穿戴好防护用品，将实训用品摆放整齐，等待老师指令。

项目二 底材处理

a) 空气压缩机 　　b) 打磨机 　　c) 翼子板

d) 砂纸 　　e) 吹尘枪 　　f) 除油剂

g) 环氧底漆 　　h) 除油布 　　i) 防护用品

图 2-2-3　设备准备

活动三　施工

1. 检查工位设备工具

检查工位设备工具是否可以正常使用。

2. 清洁除油

1）穿戴清洁除油防护用品，如图 2-2-4 所示。

2）将除油剂均匀地喷洒在工件表面，迅速用除油布依照从上到下、从左到右，先大面后边角的方式擦干表面，如图 2-2-5 所示。

3. 鉴别旧涂层类型

鉴别旧涂层类型如图 2-2-6 所示。

图 2-2-4　穿戴清洁除油防护用品

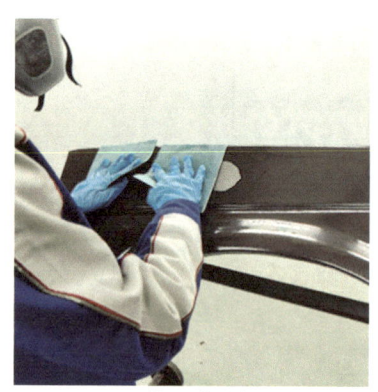

a) 喷洒除油剂　　　　b) 擦干除油剂

图 2-2-5　清洁除油

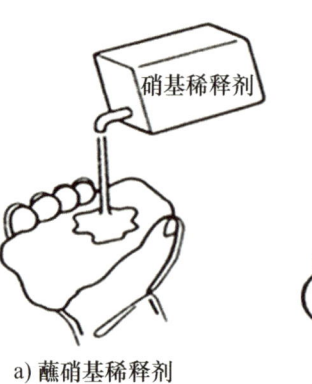

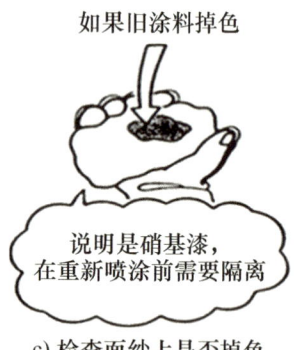

a) 蘸硝基稀释剂　　　b) 摩擦　　　c) 检查面纱上是否掉色

图 2-2-6　鉴别旧涂层类型

1) 如果有颜色或出现溶解，则说明旧涂层使用的是溶剂挥发型涂料，此种涂层在修补时要充分考虑新涂层中的溶剂成分会溶解原涂层，造成咬底和起皱等涂层缺陷。

2）如果不掉色或没有出现溶解，则说明旧涂层使用的是烘烤聚合型或双组分型涂料。此种涂层在修补时一般能经受新喷涂层中溶剂的溶解，施工时稍加注意就可避免出现涂层缺陷。

3）如果原漆膜膨胀或收缩，则为未完全硬固的烘烤聚合型或双组分型涂料。此种涂层在修补时也要考虑到新喷涂层中的溶剂会溶解原涂层，造成各种涂层缺陷。

4. 去除旧涂层

1）选择 P80 号砂纸和 5 号打磨头，如图 2-2-7 所示。

2）将砂纸粘在磨头磨垫上，对齐孔，如图 2-2-8 所示。

图 2-2-7　P80 号砂纸和 5 号打磨头　　　图 2-2-8　将砂纸粘在磨头磨垫上

3）启动打磨机，如图 2-2-9 所示。

> **注意：**
> 打磨时将磨头与工件接触角度控制在 5°~10°，用砂纸外侧 10mm 左右部位打磨损伤涂层，如图 2-2-10 所示。

将损伤区的旧涂层去除，如图 2-2-11 所示。

打磨时不得在磨头上施加压力。根据损伤范围的判断，将损伤范围内的涂层全部去除，如图 2-2-12 所示。

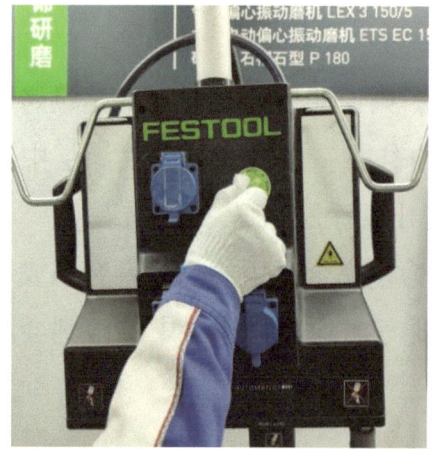

图 2-2-9　启动打磨机

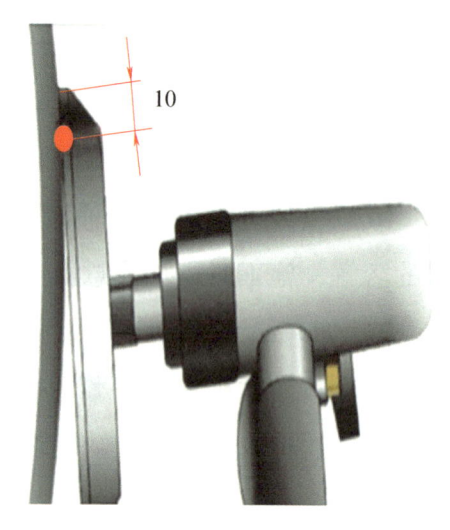

图 2-2-10　打磨机与工件接触角度

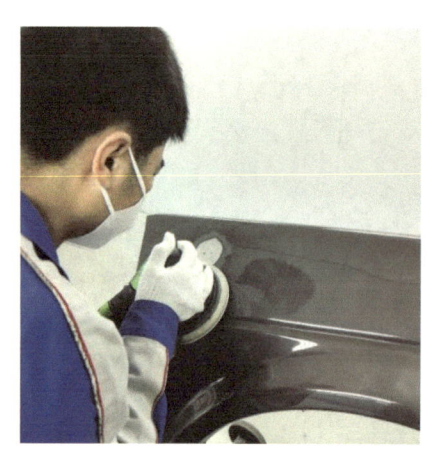

图 2-2-11　去除旧涂层

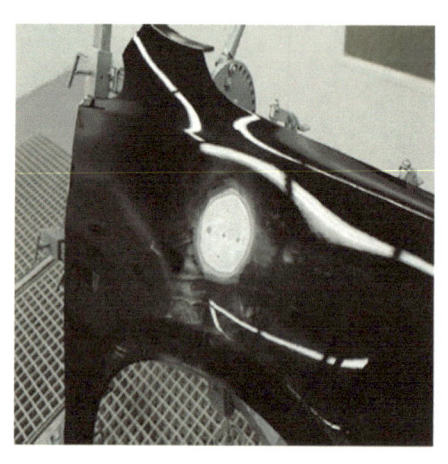

图 2-2-12　旧涂层去除效果

4）用铲刀去除损伤区域打磨机打磨不到区域的残留涂层，如图 2-2-13 所示。

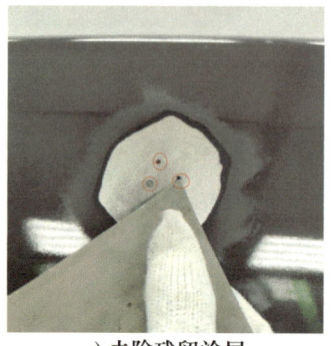

a) 去除残留涂层　　　　b) 去除效果

图 2-2-13　去除残留涂层和效果

5. 打磨羽状边

1）选择 P120 号干磨砂纸配合偏心距为 6mm 的打磨头，如图 2-2-14 所示。

2）打磨时将打磨头与工件倾斜 5°~10° 的角度，用砂纸外侧 30mm 左右的部位打磨羽状边，如图 2-2-15 所示，将打磨头与工件接触后再起动打磨机。为了使打磨后的羽状边又顺又宽，应采用从外向内的打磨方法，顺着打磨机旋转方向顺时针方向打磨羽状边，如图 2-2-16 所示。

图 2-2-14　P120 号砂纸和 5 号打磨头

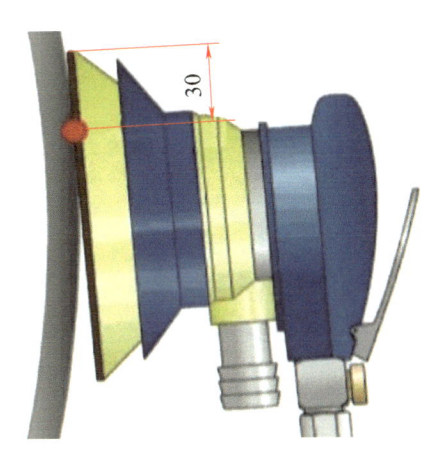

图 2-2-15　磨头与工件角度

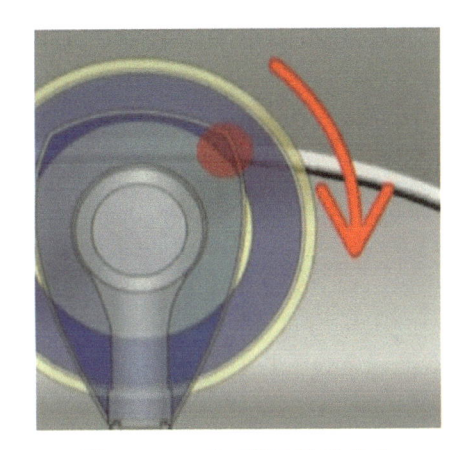

图 2-2-16　打磨羽状边方向

3）沿着去除旧涂层后的痕迹移动打磨头，如图 2-2-17 所示。

4）穿戴清洁除油防护用品（图 2-2-4）。

5）将除油剂均匀地喷涂在工件表面上，用除油布将工件上除油剂擦干（图 2-2-5）。

图 2-2-17　打磨羽状边

> 注意：
> 本次清洁除油只除打磨区域附近，不必整板清洁除油。

6）羽状边打磨效果。通常原厂涂层，根据涂层厚度不同，羽状边打磨后的宽度在 15~30mm 范围内，如图 2-2-18 所示。

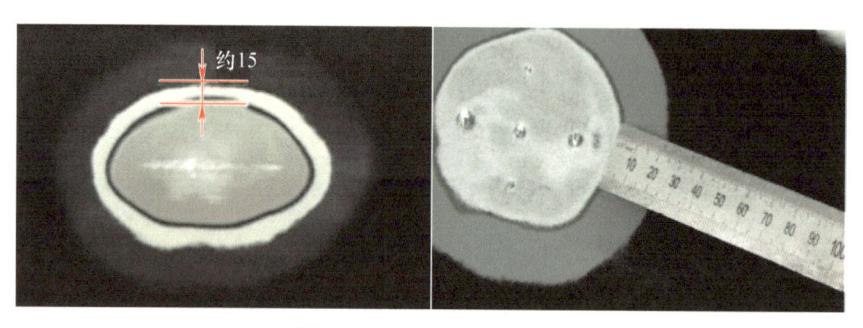

图 2-2-18 羽状边宽度

6. 防锈处理

1）用无纺布蘸少许调配后的环氧底漆，如图 2-2-19 所示。

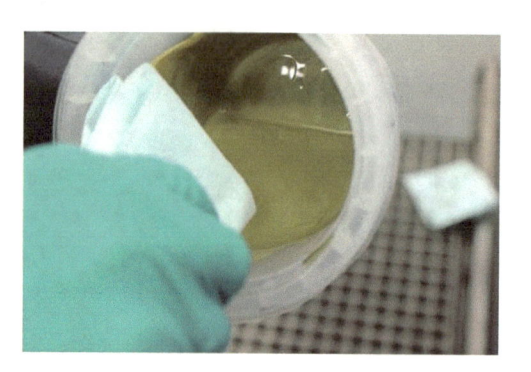

图 2-2-19 蘸少许环氧底漆

2）在裸钢板处涂一薄层环氧底漆，起到防锈和增强附着力的作用，如图 2-2-20 所示。

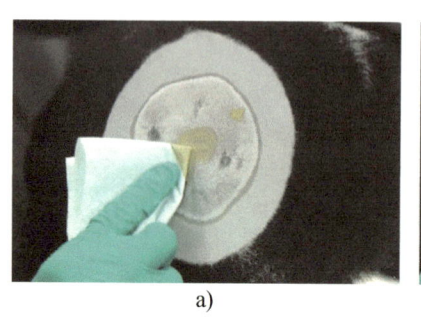

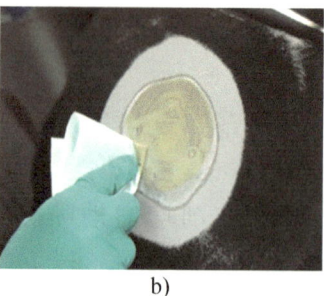

a)   b)

图 2-2-20 施涂环氧底漆

7. 整理工位

将工具设备按照固定位置摆放整齐，垃圾分类整理。

活动四　教学评价

教学评价要按照清除旧涂层考核评分表进行，见表 2-2-1。

表 2-2-1　清除旧涂层考核评分表（100 分）

考核时间	考核项目	配分	评分标准	得分
30min	安全防护	10	未按照要求穿戴防护用品每种扣 2 分	
	清洁除油	15	除油剂喷洒过多或者过少扣 5 分	
			除油方法不对扣 10 分	
	去除旧涂层	25	打磨头选择错误扣 5 分	
			砂纸型号选择错误扣 5 分	
			砂纸与打磨机未对齐孔扣 5 分	
			去除旧涂层方法不正确扣 5 分	
			旧涂层去除不彻底扣 5 分	
	打磨羽状边	30	砂纸型号选择错误扣 5 分	
			羽状边打磨方法错误扣 5 分	
			羽状边宽度小于 1cm 扣 5 分	
			羽状边不平顺每处扣 2 分，共 10 分，扣完为止	
			羽状边形状不规则扣 1 分	
			羽状边磨毛区大于 5cm 或小于 3cm 扣 2 分	
			打磨结束未进行除尘、除油扣 2 分	
	施涂环氧底漆	10	未施涂环氧底漆扣 5 分 施涂范围过大扣 3 分	
			施涂太厚扣 2 分	
	7S 整理	10	操作完毕后未恢复原位扣 1~10 分	

项目三

原子灰施工

任务一　刮涂原子灰

任务描述

张先生的 2016 款一汽大众迈腾左前车门损伤，现已经将旧漆层完全去掉，需要你对损伤区域用原子灰填平，以恢复原有的形状，达到交车要求。

任务目标

素养目标	能力目标	知识目标
1）通过查阅资料，培养学生信息获取与分析问题的能力 2）原子灰刮涂过程中增强学生节约成本意识、培养吃苦耐劳的精神 3）通过小组合作，培养学生自主学习、团队合作意识 4）在实际任务完成过程中培养学生的服务意识	1）能够通过查阅资料获取原子灰的刮涂方法 2）能够正确运用刮涂手法完成对工件的刮涂 3）能够正确对原子灰进行强制干燥 4）通过小组合作，能正确分析原子灰刮涂方法	1）了解原子灰的作用 2）熟悉每一种原子灰刮涂工具的应用场合 3）掌握原子灰刮涂流程

活动一　知识准备

原子灰的施工主要包括原子灰调配、原子灰刮涂及原子灰打磨三个步骤。其中，原子灰刮涂的次数主要取决于底材损伤区的情况、

项目三　原子灰施工

施工质量的要求及操作人员的技术水平，但应遵循多次刮涂、一次打磨的工艺原则。即对损伤区进行多次原子灰薄刮，使原子灰填充紧实、无气孔，直至原子灰已完全填充损伤区，经一次打磨使原子灰层成形，损伤区恢复原状。

1. 原子灰的作用

原子灰又称为腻子，如图 3-1-1 所示，它是以颜料、填充物、树脂、催干剂调配而成的呈浆状的材料，原子灰能恢复和塑造变形的底材到损伤前的形状，是一种低成本的修补方法。但刮涂原子灰不能代替钣金所有的修理工作，一般经过钣金修复的车身要达到一定要求，如钣金要做得平整，表面平面度不超过 2mm，底材不应有裂口、焊缝等。否则过厚的原子灰会降低涂层的性能，裂口和缝隙会吸入潮气导致锈蚀，最终破坏原子灰和底材的结合，加上汽车在行驶过程中的振动和变形，会使过厚的原子灰开裂、脱落。所以，原子灰的厚度一般不超过 5mm。

2. 原子灰刮涂工具

刮刀、刮板是原子灰刮涂的主要手工工具，刮涂工具按其材料组成的不同可以分为塑料刮板、橡胶刮板和钢片刮板；按其软硬程度的不同可以分为硬刮板和软刮板，如图 3-1-2 所示。因此，在作业中要视不同的损伤区域和不同的底材选择合适的刮涂工具。

图 3-1-1　原子灰　　　　图 3-1-2　原子灰刮涂工具

3. 原子灰与固化剂配比

原子灰与固化剂的配比以环境温度为依据，见表 3-1-1。确保原子灰与固化剂比例在规定范围内，固化剂添加量太多或太少都会引发漆膜缺陷。太多会造成过氧化物"渗色"，残留的固化剂会使面漆层变色；太少会导致原子灰固化和成膜困难，使面漆层失去光泽，且干磨时容易粘砂纸，边口不易打磨平顺。

表 3-1-1 原子灰与固化剂配比

环境温度	固化剂用量
当环境温度低于10℃时	固化剂约加入原子灰质量的3%
当环境温度在10~20℃范围内时	固化剂约加入原子灰质量的2%
当环境温度超过20℃时	固化剂约加入原子灰质量的1%

活动二 原子灰刮涂操作实施

1. 检查工位设备工具

检查工位设备工具是否可以正常使用。

2. 穿戴防护用品

佩戴防毒面具，如图 3-1-3 所示。佩戴一次性乳胶手套，如图 3-1-4 所示。

图 3-1-3 佩戴防毒面具　　　　图 3-1-4 佩戴一次性乳胶手套

3. 确认原子灰施工范围

确认原子灰施工范围（确定原子灰用量和刮涂方法），如图 3-1-5 所示。

4. 原子灰调和前搅拌

1）将罐内原子灰充分搅拌均匀，如图 3-1-6 所示。

图 3-1-5 确认原子灰施工范围

2）打开固化剂盖，放出空气，用力搓、捏挤压固化剂，如图 3-1-7 所示。

图 3-1-6 搅拌原子灰　　　　　图 3-1-7 搅拌固化剂

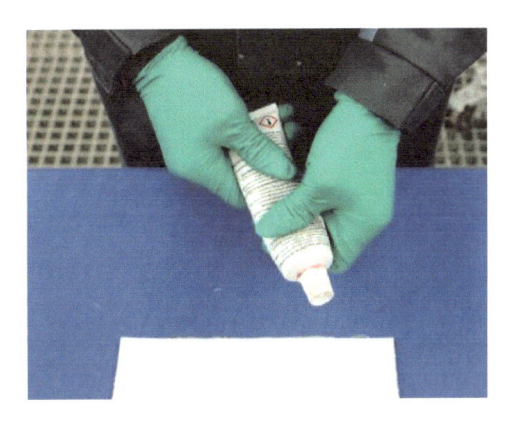

5. 原子灰调和

取适量固化剂与原子灰到调和板上（原子灰与固化剂配比 100∶1～100∶3，不要将固化剂直接挤到原子灰上），用刮刀铲起固化剂与原子灰充分搅拌到颜色均匀，如图 3-1-8 所示。

> **注意：**
> 调和原子灰时动作一定要快。因为原子灰添加了固化剂之后，一般使用寿命只有几分钟，而且环境温度越高，使用寿命会越短，在调和时用的时间越长，可刮涂的时间会越短，甚至有时还没调和好就已经干燥。

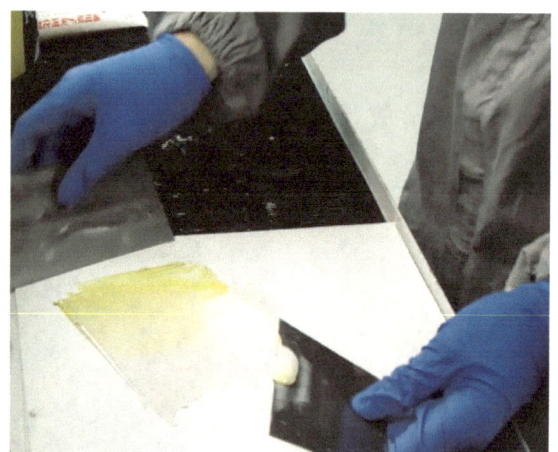

图 3-1-8 原子灰调和

6. 刮涂原子灰

1)压灰(要求刮刀与板件表面成 75°左右的夹角,用力薄刮,要求平整,不求光滑,刮涂后得到一个较薄的原子灰层,可透过原子灰看到底材),如图 3-1-9 所示。

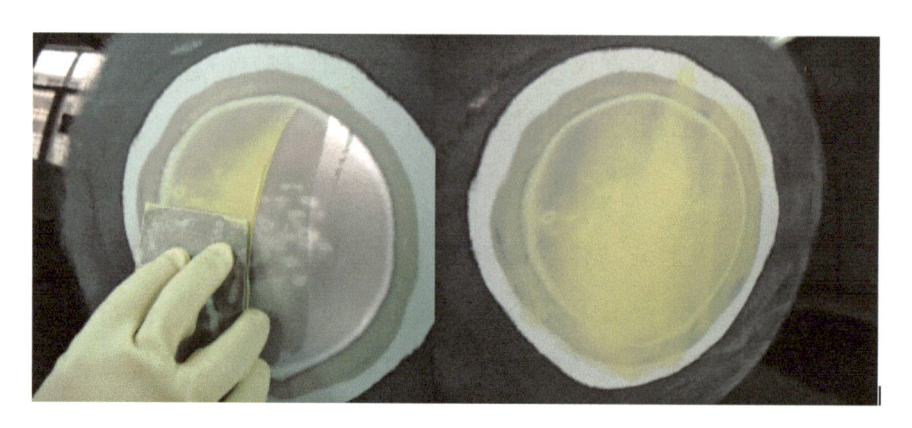

图 3-1-9 压灰

2）填灰（起刀 45°、中间 30°、收刀 15°仍然要求平整，如图 3-1-10 所示。

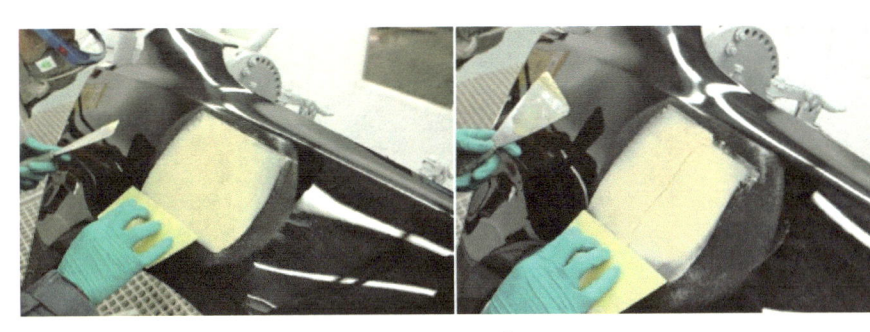

图 3-1-10　填灰

3）收灰（边缘要求薄而且平整），如图 3-1-11 所示。

图 3-1-11　收灰

7. 处理废弃原子灰，清理刮刀

将多余的原子灰按照有害物质分类处理，原子灰在干燥期间会释放热量，不可与易燃物品放在一起。清洗刮涂工具，如图 3-1-12 所示。

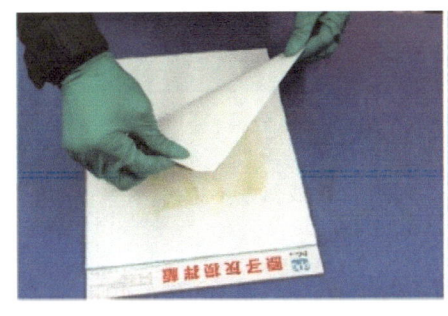

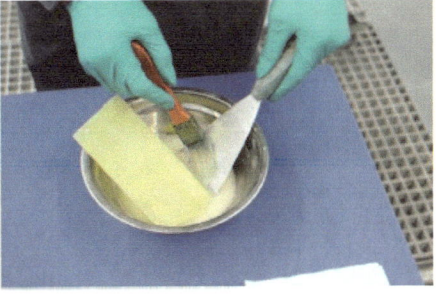

图 3-1-12　处理废弃原子灰、清理刮刀

8. 烘烤原子灰

烘烤原子灰（烤灯温度设置为 75℃、距离板件为 80cm、时间为 5~10min），如图 3-1-13 所示。

图 3-1-13　烘烤原子灰

9. 检查原子灰是否固化

可用砂纸打磨原子灰的边缘，发现有粉末出现，说明原子灰边缘已经干燥，整个原子灰层已经完全固化，如图 3-1-14 所示。

图 3-1-14　检查原子灰是否固化

活动三　教学评价

教学评价要按照原子灰刮涂考核评分表进行，见表 3-1-2。

表 3-1-2　原子灰刮涂考核评分表（100 分）

考核时间	考核项目	配分	评分标准	得分
30min	安全防护	10	防护服、安全鞋、护目镜、防尘口罩、一次性乳胶手套，缺任何一项或佩戴不正确，每项扣 2 分	
	原子灰刮涂	20	原子灰调配比例不正确、不均匀各扣 10 分	

项目三 原子灰施工

(续)

考核时间	考核项目	配分	评分标准	得分
30min	原子灰刮涂	10	原子灰、固化剂使用前未搅拌扣10分	
		10	刮涂方法不正确、第一道未薄、刮涂手法不熟练扣10分	
		20	刮涂超出羽状边,有多余原子灰、边缘不平滑,各扣10分	
		10	红外线烤灯距离不符合标准扣10分	
	原子灰刮涂效果	10	原子灰平整度不够、有台阶各扣5分	
	7S整理	10	操作完毕后未恢复原位扣10分	

任务二　原子灰打磨

任务描述

张先生的2016款一汽大众迈腾左前车门损伤,现已经刮涂完原子灰,需要你对刮涂完的原子灰进行打磨整平,以恢复原有的形状,达到交车要求。

任务目标

素养目标	能力目标	知识目标
1）通过查阅资料,培养学生信息获取与分析问题的能力 2）在原子灰打磨过程中培养吃苦耐劳的精神 3）通过小组合作,培养学生自主学习、团队合作意识 4）在实际任务完成过程中培养学生的服务意识	1）能够通过查阅资料获取原子灰打磨的方法 2）能够正确运用打磨方法完成对原子灰打磨	熟悉原子灰打磨流程

活动一 知识准备

由于刮涂完的原子灰比较高，而且表面比较粗糙，所以需要将原子灰打磨至与基准面一样高，将表面打磨平整光滑，才能进行后续涂层的涂装。

活动二 原子灰打磨操作实施

1. 戴防护用品

戴防尘口罩和棉质防护手套，如图3-2-1所示。

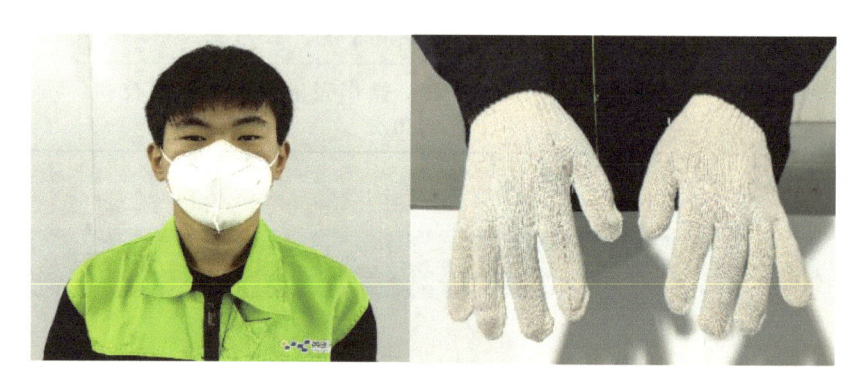

图3-2-1 戴防护用品

2. 打磨原子灰

1）施涂打磨指示剂（薄薄一层，不宜过多），如图3-2-2所示。

图3-2-2 施涂打磨指示剂

2）选用P80号砂纸打磨原子灰（不能超出原子灰区域，垂直往复为主，交叉为辅）。

用P80号干磨砂纸打磨后要求消除原子灰上刮刀痕迹、高点，打磨后原子灰层整体平整，无明显的高点，且损伤区基本已经恢复损伤前形状，如图 3-2-3 所示。

图 3-2-3　用 P80 号砂纸打磨原子灰

3）施涂打磨指示剂（薄薄一层，不宜过多），选用 P120 号砂纸打磨原子灰（尽量不超出原子灰区域），如图 3-2-4 所示。

> **注意：**
> 用 P120 号砂纸打磨非常关键，打磨后原子灰必须平整且没有波浪。

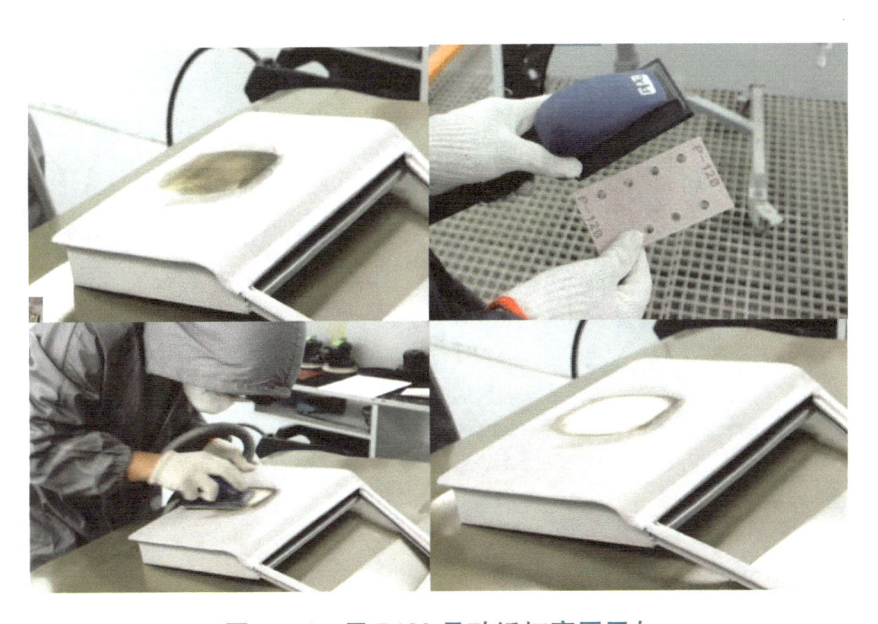

图 3-2-4　用 P120 号砂纸打磨原子灰

4）施涂打磨指示剂（薄薄一层，不宜过多），更换 P180 号的砂纸打磨原子灰，应达到光滑平整、无缺陷、无砂孔、无接口、外部性状恢复原样。尽量从水平方向打磨，如图 3-2-5 所示。

5）施涂打磨指示剂（薄薄一层，不宜过多），更换 P240 号砂纸精磨原子灰表面（打磨区域不小于原子灰磨毛区），如图 3-2-6 所示。

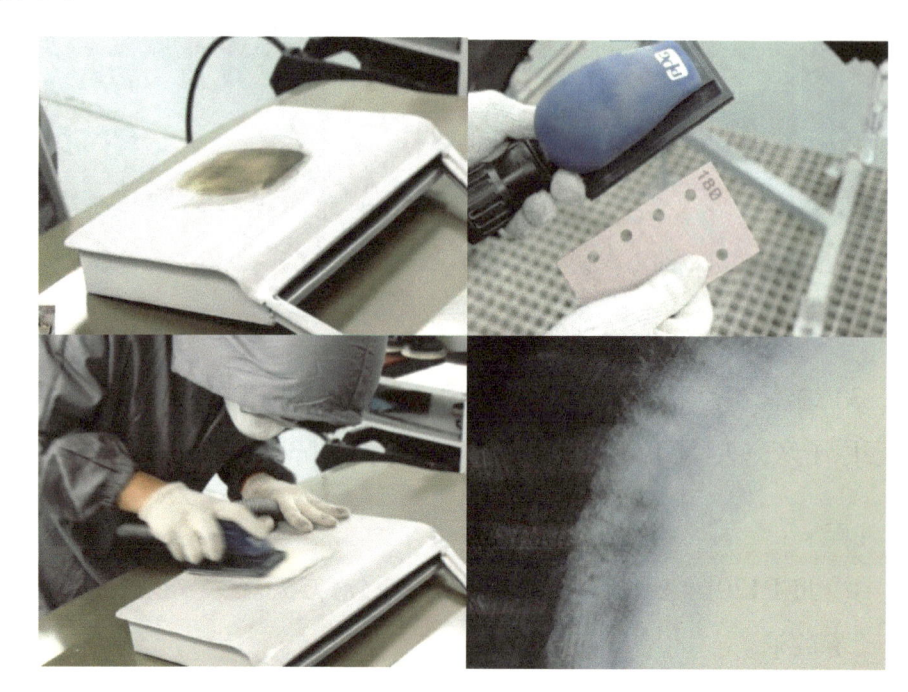

图 3-2-5 用 P180 号砂纸打磨原子灰

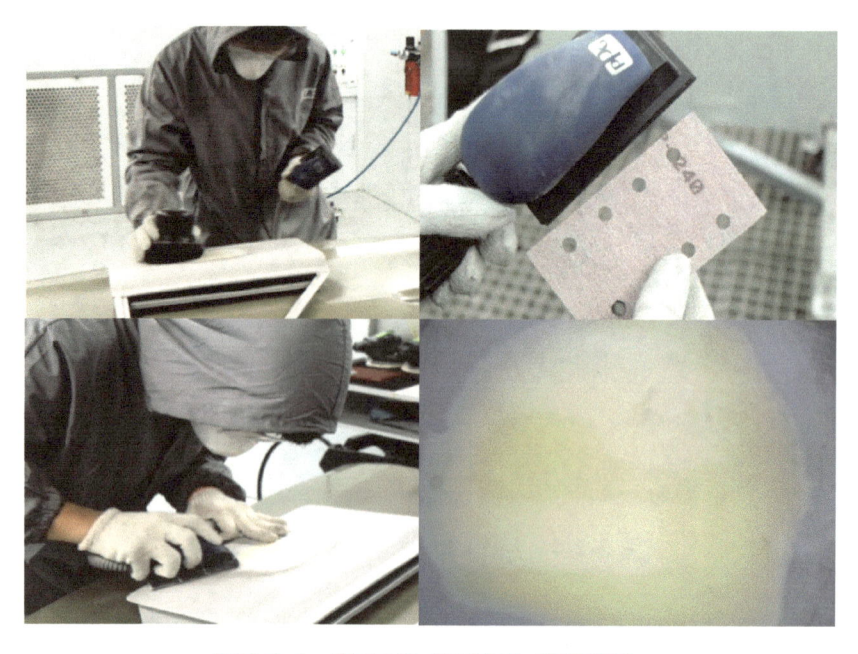

图 3-2-6 用 P240 号砂纸打磨原子灰

3. 整板打磨

1）选择 3mm 磨头。

2）将软垫垫在磨头上（为防止磨穿电泳底漆）。

3）选用红色菜瓜布粘在软垫上（没有菜瓜布可选用 P400 号砂纸），如图 3-2-7 所示。

4）研磨板件表面（打磨机与板件夹角不宜过大，不要磨穿电泳底漆。边角筋线尽量手工研磨）。

5）手工研磨未磨到的区域（有亮点、桔皮的地方），如图 3-2-8 所示。

图 3-2-7　粘贴红色菜瓜布

图 3-2-8　手工研磨

4. 表面清洁

佩戴过滤式口罩、一次性乳胶手套，如图 3-2-9 所示。

图 3-2-9　佩戴过滤式口罩、一次性乳胶手套

使用油性除油剂进行整板清洁除油，如图 3-2-10 所示。

活动三　教学评价

教学评价要按照原子灰打磨考核评分表进行，见表 3-2-1。

图 3-2-10　整板清洁除油

表 3-2-1　原子灰打磨考核评分表（100 分）

考核时间	考核项目	配分	评分标准	得分
30min	安全防护	10	防护服、安全鞋、护目镜、防尘口罩、一次性乳胶手套，缺任何一项或佩戴不正确，每项扣 2 分	
	原子灰打磨	10	原子灰打磨前、更换砂纸未施涂指示剂扣 10 分	
		5	更换砂纸前未吹尘扣 5 分	
		5	P80~P120 号砂纸打磨超出原子灰产生砂纸痕扣 5 分	
		5	打磨原子灰方法不正确扣 5 分	
		5	使用打磨原子灰时未开启吸尘器扣 5 分	
	原子灰打磨效果	10	原子灰平整度不够、有台阶各扣 5 分	
		10	表面砂痕重扣 10 分	
		10	原子灰表面针孔严重扣 10 分	
		10	磨穿露出裸金属扣 10 分	
		10	底漆前羽状边处理范围小扣 10 分	
	7S 整理	10	操作完毕后未恢复原位扣 10 分	

项目四

喷涂

任务一　中涂底漆喷涂

任务描述

张先生的2016款一汽大众迈腾左前车门损伤，现已对损伤区域完成了原子灰打磨，恢复了原来的形状，但是表面还是存在一定的细小缺陷，如针孔、细划痕等，请在面漆喷涂之间进行中涂底漆的喷涂，以满足面漆涂装的要求。

任务目标

素养目标	能力目标	知识目标
1）通过查阅资料，培养学生信息获取与分析问题的能力 2）在作业过程中注重培养学生个人防护意识 3）通过小组合作，培养学生自主学习、团队合作意识 4）在实际任务完成过程中培养学生的服务意识	1）能够通过查阅资料获取中涂底漆喷涂的方法 2）能够按照正确的比例完成中涂底漆调配 3）能够正确按照参数调整喷枪 4）能够独立完成中涂底漆喷涂作业	1）了解中涂底漆调配比例说明 2）掌握中涂底漆喷涂方法

活动一　知识准备

经过原子灰修复的车门，已经恢复了表面的平整度，但是表面还是存在一定的细小缺陷，如针孔、细划痕等，需要在喷涂面漆之前喷涂中涂底漆，以满足面漆喷涂的要求。

中涂底漆的主要作用是增加面漆涂层与下面涂层的附着力，提高面漆涂层的平整度和丰满度；起到隔绝和封闭下面涂层，防止面漆往下渗透产生涂膜缺陷；同时，也有填充针孔、细小划痕、细小缺陷的能力等。

活动二　中涂底漆喷涂操作实施

1. 穿戴防护用品

佩戴过滤式口罩、一次性乳胶手套，如图 3-2-9 所示。

2. 调配中涂底漆

1）查阅中涂底漆调配比例，按照喷涂面积所需要的量，将底漆倒入枪壶中。按比例添加适量的固化剂和稀释剂。用调漆尺对添加好的涂料进行彻底搅拌，如图 4-1-1 所示。

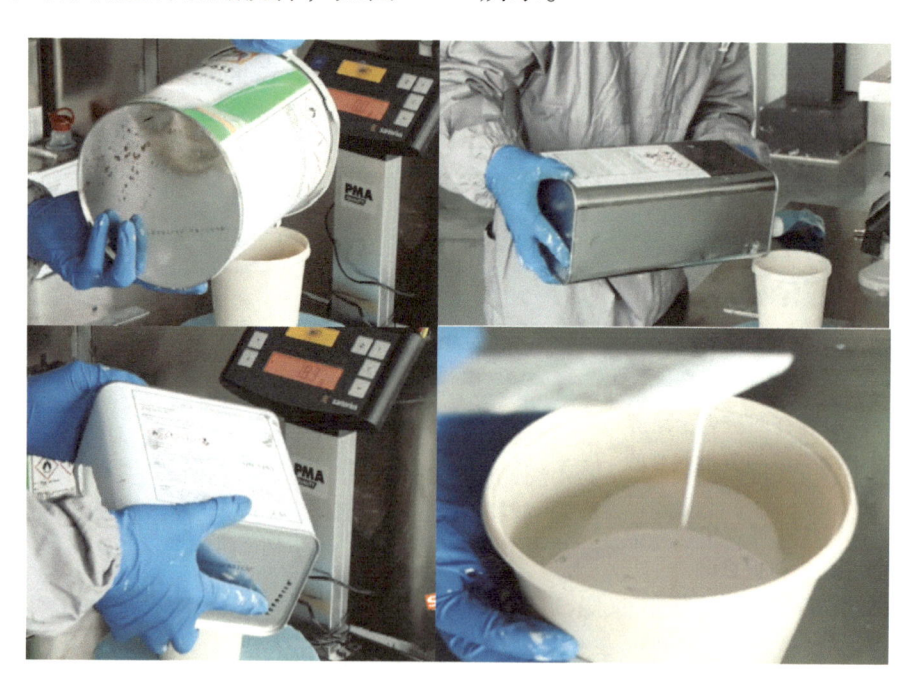

图 4-1-1　调配中涂底漆

2）调配完毕清洁调漆尺，整理工作台，如图 4-1-2 所示。

3）选择合适口径的底漆喷枪，安装滤网与枪壶，如图 4-1-3 所示。

项目四 喷 涂   47

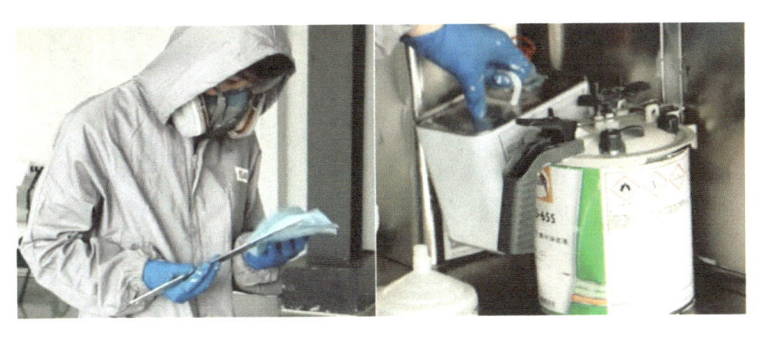

图 4-1-2　整理工作台

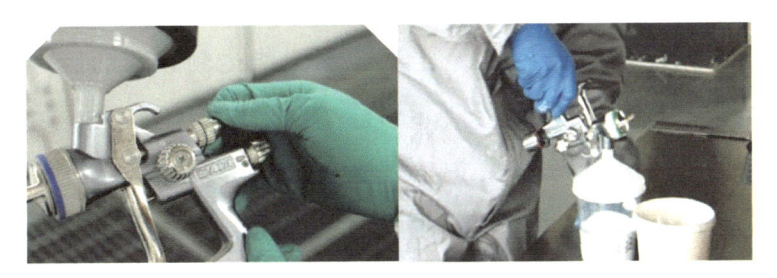

图 4-1-3　选择喷枪、安装枪壶

4）按要求调节喷枪、试枪，如图 4-1-4 所示。

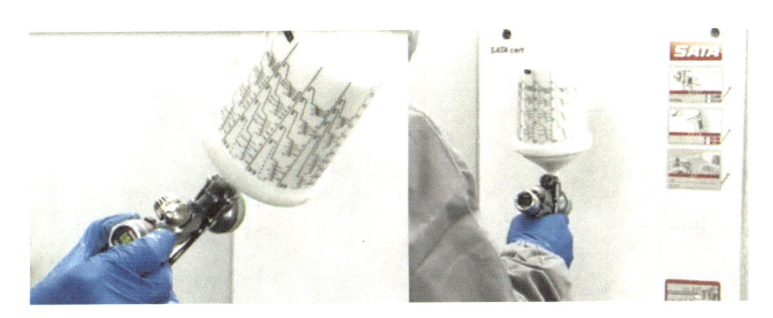

图 4-1-4　调枪、试枪

5）进行粘尘，如图 4-1-5 所示。

图 4-1-5　粘尘

6）按照产品的施工说明进行中涂底漆的喷涂，如图 4-1-6 所示。

图 4-1-6　喷涂中涂底漆

> **注意：**
>
> 1）通常，中涂底漆喷涂 2~3 层才能达到合理的膜厚。喷涂时，先喷涂工件的边缘，后喷涂工件的表面。
>
> 2）由于中涂底漆主要起到填充的作用，所以喷涂时要注意喷涂距离不要太远，甩枪幅度不要太大，以免产生过多的飞漆，浪费涂料。

7）干燥中涂底漆，如图 4-1-7 所示。

① 将烤漆房温度设置成 60℃，烘烤 0.5h。

图 4-1-7　干燥中涂底漆

② 清洗喷枪，如图 4-1-8 所示。

图 4-1-8　清洗喷枪

活动三 教学评价

教学评价要按照中涂底漆喷涂考核评分表进行，见表 4-1-1。

表 4-1-1 中涂底漆喷涂考核评分表（100 分）

考核时间	考核项目	配分	评分标准	得分
30min	安全防护	10	防护服、安全鞋、护目镜、防尘口罩、一次性乳胶手套，缺任何一项或佩戴不正确，每项扣 2 分	
	中涂底漆调配	20	调配比例不正确扣 10 分	
			未充分搅拌扣 5 分	
			未清洁调漆尺、浆盖扣 5 分	
	中涂底漆喷涂	5	喷涂前应正确清洁工件（要求两块擦拭布，一块蘸除油剂擦拭表面，马上用另一块擦干），否则扣 5 分	
		5	未粘尘扣 5 分	
		10	喷枪压力、喷副、气压调试错误扣 10 分	
		10	未按照正确的喷涂方法喷涂扣 10 分	
	中涂底漆效果	10	流挂（视流挂严重程度扣 5~10 分）	
		10	露底（视露底面积扣 5~10 分）	
		10	颗粒感明显扣 5~10 分	
	7S 整理	10	操作完毕后未恢复原位扣 10 分	

任务二　中涂底漆打磨

任务描述

张先生的 2016 款一汽大众迈腾左前车门损伤，已对损伤区域完成了中涂底漆的喷涂工作，现要求对干燥的中途底漆完成打磨工作，以更好增加附着力，满足面漆喷涂要求。

任务目标

素养目标	能力目标	知识目标
1）通过查阅资料，培养学生信息获取与分析问题的能力 2）在作业过程中增强注重培养学生个人防护意识 3）通过小组合作，培养学生自主学习、团队合作意识 4）在实际任务完成过程中培养学生的服务意识	1）能够通过查阅资料获取中涂底漆打磨的方法 2）能够选择正确的磨头和砂纸完成中涂底漆的打磨工作	1）了解砂纸和菜瓜布的作用 2）掌握中涂底漆打磨流程

活动一　知识准备

中涂底漆干燥后，表面虽然已经比较光滑平整，但鉴于施工的最终要求，仍需要对中涂底漆进行精细研磨，特别是原子灰施工区域和喷涂过程中产生的缺陷，更需要处理妥当。

活动二　中涂底漆打磨操作实施

1）戴防护用品。佩戴防尘口罩和棉质防护手套，如图 3-2-1 所示。

2）施涂打磨指示剂（要求薄而均匀），如图 4-2-1 所示。

3）选用 3 号打磨头，安装打磨软垫，如图 4-2-2 所示。

打磨中涂底漆：先将磨头放到工件上再启动开关，以适当的速度按照从上到下、从左到右的顺序来回挪动，不宜施加太大压力，边角和筋线等容易磨穿的地方留出一定面积手工打磨，将中涂底漆上的桔皮磨透，

图 4-2-1　施涂打磨指示剂

无碳粉残留。

图 4-2-2 打磨中涂底漆

4）用灰色菜瓜布打磨边角和筋线部位，如图 4-2-3 所示。

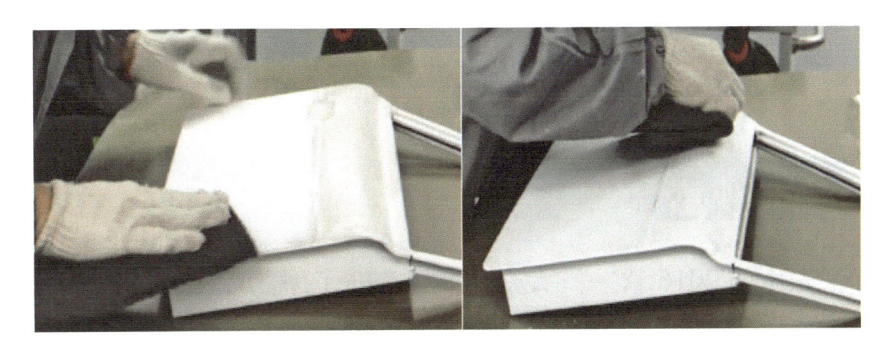

图 4-2-3 打磨边角和筋线部位

5）打磨后检查。打磨后中涂底漆表面应平整、光滑，无磨穿、桔皮、流挂、颗粒、砂眼等缺陷，任何微小瑕疵都会影响整个涂层的施工效果，对未处理妥善的部位必须重新打磨。

6）使用油性除油剂进行整板清洁除油，如图 3-2-10 所示。

活动三　教学评价

教学评价要按照中涂底漆打磨考核评分表进行，见表 4-2-1。

表 4-2-1　中涂底漆打磨考核评分表（100 分）

考核时间	考核项目	配分	评分标准	得分
30min	安全防护	10	防护服、安全鞋、护目镜、防尘口罩、一次性乳胶手套，缺任何一项或佩戴不正确，每项扣 2 分	
	中涂底漆打磨	40	未使用碳粉指示剂扣 10 分	
			未使用打磨软垫扣 15 分	
			操作不规范扣 15 分	
	中涂底漆打磨效果	10	有砂纸痕（2cm 直径以下扣 1 分，超过每处扣 2~5 分）	
		10	有露底（2cm 直径以下扣 1 分，超过每处扣 2~5 分）	
		10	有桔皮（2cm 直径以下扣 1 分，超过每处扣 2~5 分）	
		10	有磨穿（2cm 直径以下扣 1 分，超过每处扣 2~6 分）	
	7S 整理	10	操作完毕后未恢复原位扣 10 分	

任务三　面漆喷涂

任务描述

张先生的 2016 款一汽大众迈腾左前车门损伤，已对损伤区域完成了中涂底漆的打磨工作，现要求进行面漆喷涂。

任务目标

素养目标	能力目标	知识目标
1）通过查阅资料，培养学生信息获取与分析问题的能力 2）在作业过程中增强注重培养学生个人防护意识 3）通过小组合作，培养学生自主学习、团队合作意识 4）在实际任务完成过程中培养学生的服务意识	1）能够通过查阅资料获取面漆喷涂的方法 2）能够正确调整喷枪 3）能够按照正确的喷涂方法完成面漆喷涂作业 4）能够正确使用吹风筒完成面漆干燥作业	1）掌握喷枪调整方法 2）掌握面漆喷涂流程

项目四 喷 涂

活动一 知识准备

面漆指涂于工件最外层的漆膜,是涂层组合中唯一可见的部分,起着装饰、标志和保护底材的作用。

面漆直接与各种气候条件及有害物质接触,是阻挡侵蚀的第一层。首先,耐候性是面漆的一项重要指标,要求面漆在极端温变湿变、风雪雨雹的气候条件下不变色、不失光、不起泡和不开裂。其次,外观是面漆的另一项指标,要求漆膜外观丰满、桔皮均匀、流平好、鲜映性好,从而使汽车车身具有高质量的外观。另外,面漆还应具有足够的硬度、抗石击性、耐化学品性、耐污性和耐蚀性,使汽车外观在各种条件下保持不变。

面漆可以使汽车表面呈现出丰富的色彩,也可使汽车焕然一新。

活动二 面漆喷涂操作实施

1) 佩戴过滤式口罩、一次性乳胶手套,如图 3-2-9 所示。

2) 喷枪调试。

① 调整出漆量(将出漆量调节螺母拧紧再退出两圈,然后锁紧锁止螺母),如图 4-3-1 所示。

② 调整扇面(将扇面调节螺母顺时针拧紧,然后拧至最大开度,注意观察螺母转动圈数,再拧回 1/4 开度),如图 4-3-2 所示。

图 4-3-1 调整出漆量   图 4-3-2 调整扇面

③ 调整喷涂气压(按下喷枪第一档,使出气量全开并保持调整

空气流量螺母，使压力表指针稳定于 130~150kPa），如图 4-3-3 所示。

④ 试喷，检查喷束状况，如图 4-3-4 所示。

图 4-3-3　调整喷涂气压　　　　　图 4-3-4　试喷

3）粘尘，如图 4-1-5 所示。

4）喷涂第一层色漆，如图 4-3-5 所示。

① 喷涂距离为 15~20cm，喷涂速度为 60~80cm/s，扇面重叠 1/2。

② 喷涂车门边缘第一层底色漆（半干）。

③ 喷涂车门表面第一层底色漆（半干）。

④ 闪干至哑光状态。

图 4-3-5　喷涂第一层色漆

5）水性底色漆层间闪干，如图 4-3-6 所示。

① 使用 DRY JET 吹风筒。

② 将吹风筒压力调至 25kPa。

③ 从工件侧上方 45°、30~80cm 的距离吹至哑光（尽可能吹风筒出风与烤漆房气流方向相同）。

图 4-3-6　层间吹干

6）喷涂第二层色漆，如图 4-3-7 所示。

图 4-3-7　喷涂第二层色漆

① 喷涂距离为 15~20cm，喷涂速度为 30~40cm/s，扇面重叠 3/4。
② 喷涂车门边缘第二层底色漆（半湿）。
③ 喷涂车门表面第二层底色漆（半湿）。

7）喷涂效果层（雾喷）。

① 喷涂气压为 110~120kPa，如图 4-3-8 所示。
② 喷枪扇面全开，如图 4-3-9 所示。

图 4-3-8　喷涂气压　　　　图 4-3-9　喷涂扇面

③ 喷枪出漆量 1 圈，喷涂距离为 15~20cm，喷涂速度为 60~80cm/s，扇面重叠 1/2，如图 4-3-10 所示。

④ 喷涂效果层，如图 4-3-11 所示。

图 4-3-10　喷涂距离　　　　图 4-3-11　喷涂效果层

⑤ 效果层闪干（使用 DRY JET 吹风筒，将吹风筒压力调至 25kPa，从工件侧上方 45°、30~80cm 的距离吹至哑光），如图 4-3-12 所示。

⑥ 清洗喷枪，如图 4-3-13 所示。

图 4-3-12　效果层闪干　　　　图 4-3-13　清洗喷枪

活动三　教学评价

教学评价要按照面漆喷涂考核评分表进行，见表 4-3-1。

表 4-3-1　面漆喷涂考核评分表（100 分）

考核时间	考核项目	配分	评分标准	得分
30min	安全防护	10	防护服、安全鞋、护目镜、防尘口罩，一次性乳胶手套，缺任何一项或佩戴不正确，每项扣 2 分	

项目四 喷　　涂

(续)

考核时间	考核项目	配分	评分标准	得分
30min	面漆喷涂	5	喷涂前应正确清洁工件（要求两块擦拭布，一块蘸除油剂擦拭表面，马上用另一块擦干），否则扣5分	
		5	喷涂前未粘尘扣5分	
		10	喷枪压力、喷枪枪幅调试错误扣10分	
		10	未试枪扣10分	
		10	喷涂下一道油漆前，未判断上一层油漆是否闪干（采用指触或目视是否哑光）扣10分	
	面漆效果	10	流挂（视流挂严重程度扣1~10分）	
		10	失光（视面积及失光程度扣1~10分）	
		10	露底（视露底面积扣1~10分）	
		10	桔皮（视桔皮严重程度扣1~10分）	
	7S整理	10	工作环境清洁，工具清洁，设备归位，废料统一收纳，否则扣10分	

任务四　清漆喷涂

任务描述

张先生的2016款一汽大众迈腾左前车门损伤，已对损伤区域完成了中涂底漆的打磨工作，现要求进行面漆喷涂。

汽车涂装技术

任务目标

素养目标	能力目标	知识目标
1）通过查阅资料，培养学生信息获取与分析问题的能力 2）在作业过程中注重培养学生个人防护意识 3）通过小组合作，培养学生自主学习、团队合作意识 4）在实际任务完成过程中培养学生的服务意识	1）能够通过查阅资料获取清漆喷涂的方法 2）能够独立完成清漆喷涂工作	1）掌握清漆调配流程 2）掌握清漆喷涂流程

活动一　知识准备

清漆的喷涂是喷涂在最后一层的面漆，主要用于保护底色漆、银粉漆、珍珠漆等，可以提高涂膜光泽度，使车体显现出饱满、艳丽的色泽。

活动二　面漆喷涂操作实施

1. 穿戴防护用品

佩戴过滤式口罩、一次性乳胶手套，如图 3-2-9 所示。

2. 调配清漆

1）倒入适量清漆，如图 4-4-1 所示。

2）按比例加入固化剂，如图 4-4-2 所示。

图 4-4-1　倒入适量清漆　　　　图 4-4-2　按比例加入固化剂

3）将清漆与固化剂进行搅拌，如图 4-4-3 所示。

4）按比例加入稀释剂，如图4-4-4所示。

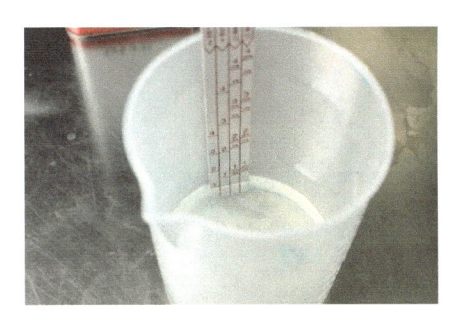

图 4-4-3　将清漆与固化剂进行搅拌

图 4-4-4　按比例加入稀释剂

5）再次搅拌，如图4-4-5所示。
6）清洁调漆尺，如图4-4-6所示。

图 4-4-5　再次搅拌

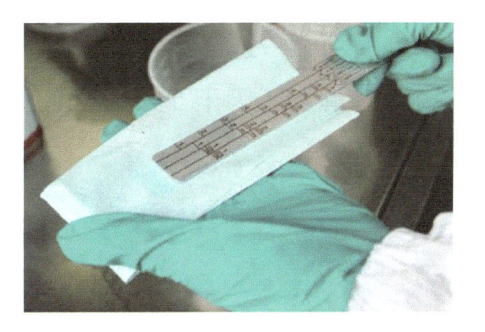

图 4-4-6　清洁调漆尺

3. 调节喷枪

1）选用5000-110清漆喷枪，出漆量全开（先将调节螺母顺时针转3~4圈，将扳机按到底并保持，顺时针调整至枪针顶紧），如图4-4-7所示。

2）安装枪壶，扇面开至最大，如图4-4-8所示。

图 4-4-7　调整出漆量

图 4-4-8　调整扇面

3）喷涂气压为 200~250kPa，如图 4-4-9 所示。

4）试喷，检查喷束状况，如图 4-4-10 所示。

图 4-4-9　调整喷涂气压　　　　　图 4-4-10　试喷

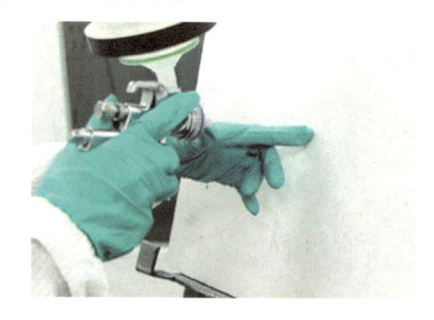

4. 喷涂清漆

1）喷涂距离为 20~25cm，喷涂速度为 50~60cm/s，扇面重叠 1/2，喷涂第一道清漆（中湿），如图 4-4-11 所示。

2）静置，闪干 5~10min，如图 4-4-12 所示。

图 4-4-11　喷涂第一道清漆　　　　图 4-4-12　静置

3）喷涂距离为 15~20cm，喷涂速度为 60~70cm/s，扇面重叠 2/3，喷涂第二道清漆（全湿），如图 4-4-13 所示。

4）清洗喷枪，如图 4-4-14 所示。

图 4-4-13　喷涂第二道清漆　　　　图 4-4-14　洗枪

项目四 喷 涂

> **注意：**
> 清漆一般喷涂两遍即可，喷涂完后也要达到最终的面漆效果，如涂层厚度均匀丰满、纹理平整光滑、色一致、泽度高、无流痕、无明显缺陷等。

5. 7S 整理

复位所有的工具设备（恢复原状）。

活动三　教学评价

教学评价要按照清漆喷涂考核评分表进行，见表 4-4-1。

表 4-4-1　清漆喷涂考核评分表（100 分）

考核时间	考核项目	配分	评分标准	得分
30min	安全防护	10	防护服、安全鞋、护目镜、防尘口罩、一次性乳胶手套，缺任何一项或佩戴不正确，每项扣 2 分	
	清漆调配	20	调配比例不正确扣 10 分	
			未充分搅拌扣 5 分	
			未清洁调漆尺、浆盖扣 5 分	
	清漆喷涂	5	喷涂前应正确清洁工件（要求两块擦拭布，一块蘸除油剂擦拭表面，马上用另一块擦干），否则扣 5 分	
		5	未粘尘扣 5 分	
		5	喷枪压力、喷副、气压调试错误扣 5 分	
		5	未按照正确的喷涂方法喷涂扣 5 分	

（续）

考核时间	考核项目	配分	评分标准	得分
30min	清漆效果	10	流挂（视流挂严重程度扣1~10分）	
		10	失光（视面积及失光程度扣1~10分）	
		10	露底（视露底面积扣1~10分）	
		10	桔皮（视桔皮严重程度扣1~10分）	
	7S整理	10	操作完毕后未恢复原位扣10分	

任务五　过渡喷涂

任务描述

王女士的爱车在行驶过程中与同向行驶的车辆发生剐蹭事故，造成左前车门变形、漆面受损。保险公司现场查勘结束后委托4S店对左前翼子板进行维修，作为4S店的工作人员，你需要完成哪些工作才能帮王女士修复爱车呢？

任务目标

素养目标	能力目标	知识目标
1）在评估过程中注重培养学生节约成本的意识 2）通过小组合作，培养学生自主学习、团队合作的意识 3）在实际任务完成过程中培养学生的服务意识	1）能运用正确方法完成翼子板的过渡喷涂 2）能够正确对比素色漆与金属漆过渡喷涂的不同方法 3）通过小组合作，完成过渡喷涂	1）了解过渡喷涂的注意事项 2）掌握过渡喷涂的方法

项目四 喷 涂

活动一 知识准备

局部修补的喷涂方法如下：

局部修补是对车身的某一局部进行涂装修理，大多数需要进行修补涂装的车辆都属于这种情况。局部修补喷涂的关键是解决喷涂区域与非喷涂区域之间颜色的逐步过渡，使之与周围部位的颜色一致，表面流平效果相同。

为了在修补之后使修补部位与其周围未修补部位在视觉上达到颜色无差异，修补喷涂时需要使颜色有一个逐渐过渡的区域，让颜色逐渐变化。局部修补喷涂一般采用"挑枪法"，"挑枪法"是指喷涂时以手臂的肘部为轴，或摆动腕部，使喷枪对喷涂表面的距离发生圆弧形变化，如图 4-5-1 所示。

图 4-5-1 挑枪喷涂法

挑枪喷涂对需要修补部位的距离近一些，喷涂比较实，而对颜色过渡区域逐渐变远，漆雾逐渐变淡，如图 4-5-2 所示。这样喷涂边缘将形成一个逐渐过渡的颜色变化区域，最终与周围未修补区域相协调。

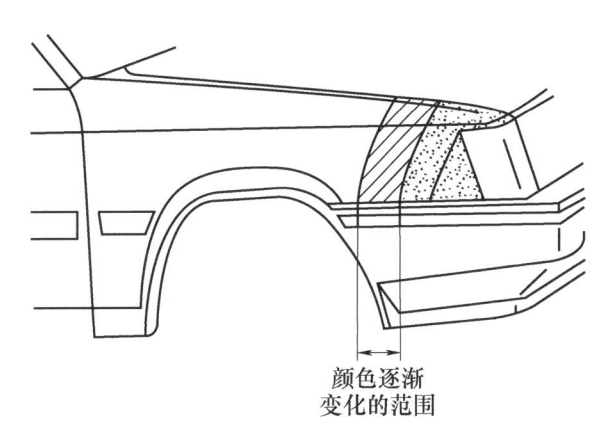

图 4-5-2 挑枪喷涂区域颜色逐渐变化

活动二　施工前准备

1. 工具、设备的准备

局部修补涂装需要用到的工具设备有干打磨系统、压缩空气及分配系统、油水过滤系统、烤灯、喷烤漆房、喷枪、吹尘枪、抛光机、手工打磨块、刮刀及调灰盘、调漆系统等。

2. 主要材料的准备

（1）驳口溶剂

驳口溶剂又称为驳口水，它是一种溶解力强、挥发慢的稀释剂，它可以溶解新旧漆接口位置的粗糙涂料颗粒，并保持驳口区域在很长时间内的湿润状态，有利于颜色的过渡，同时，可使底层的良好旧涂层轻微溶解，与新涂层形成良好的结合力，如图4-5-3所示。

图 4-5-3　驳口水

（2）驳口磨砂膏

驳口磨砂膏是一种专门用来打磨驳口过渡区域的粗粒型抛光剂，它不含蜡及硅酮物，属于水性研磨产品，研磨后的残留物很容易用水清洗干净，能避免普通抛光剂打磨之后容易走珠（脱漆）的现象，如图4-5-4所示。

图 4-5-4　驳口磨砂膏

（3）其他涂料

还需要用到的其他涂料有清洁剂、除油剂（图4-5-5）、底漆、原子灰、中涂底漆、面漆及配套固化剂、稀释剂等。

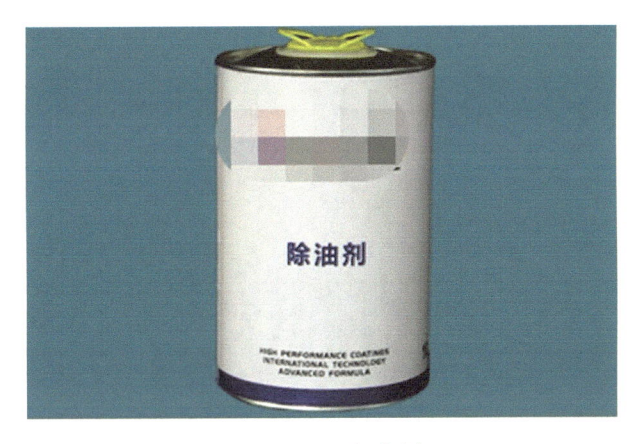

图 4-5-5　除油剂

（4）其他材料

还需要用到的其他材料有各种型号的砂纸（图 4-5-6）、菜瓜布、擦拭布（图 4-5-7）、粘尘布、遮蔽胶带与遮蔽纸（图 4-5-8）等。

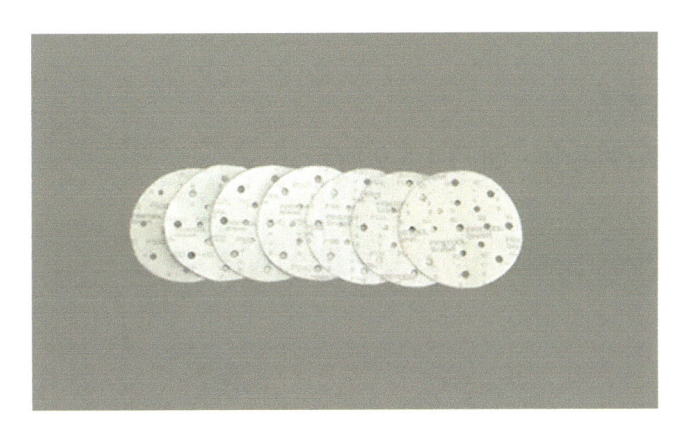

图 4-5-6　各种型号砂纸

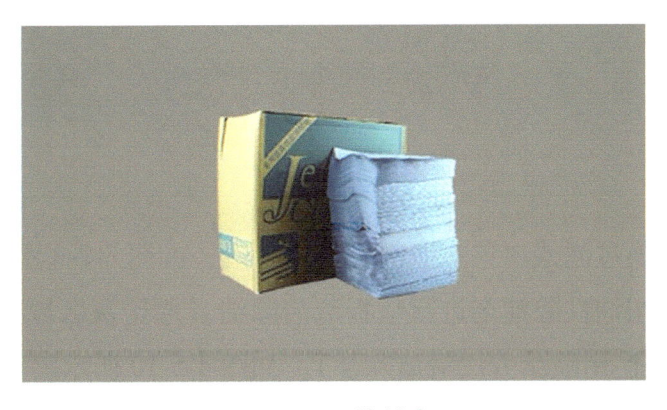

图 4-5-7　擦拭布

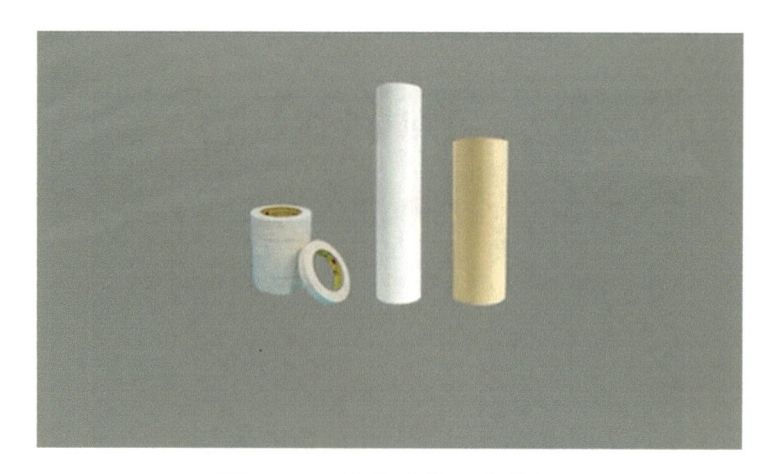

图 4-5-8　遮蔽胶带、遮蔽纸

3. 人员准备

参训学生穿戴好防护用品,将实训用品摆放整齐,等待老师指令。

活动三　施工

1. 清洁表面

1）对板件吹尘,如图 4-5-9 所示。

图 4-5-9　表面吹尘

2）更换过滤式口罩、一次性乳胶手套,如图 3-2-9 所示。

3）使用油性除油剂进行整板清洁除油(原子灰区域不得清洁除油,不应该使用喷涂方法清洁除油),如图 4-5-10 所示。

项目四 喷 涂

图 4-5-10 清洁除油

2. 喷涂中涂底漆

中涂底漆与底漆的调配及喷涂方法基本相同。根据不同产品的特点及涂装要求略有差别。

1）查看产品技术说明,确定调配方法。

2）穿戴好劳保防护用品。

3）按照喷涂面积所需要的量,将底漆倒入枪壶中,如图4-5-11所示。

图 4-5-11 取适量中涂底漆

4）按比例添加适量的固化剂和稀释剂,如图4-5-12所示。

图 4-5-12 添加固化剂和稀释剂

5）用搅拌尺对添加好的涂料进行彻底搅拌，如图 4-5-13 所示。

图 4-5-13　搅拌涂料

6）选择合适口径的底漆喷枪，安装滤网与枪壶，如图 4-5-14 所示。

图 4-5-14　安装滤网与枪壶

项目四 喷 涂

7）对需要喷涂的板子清洁除油。

8）连接气管，按要求调节喷枪，如图4-5-15所示。

图 4-5-15　连接气管

9）按照产品的施工说明进行中涂底漆的喷涂。

注意：

喷涂时注意每道涂层间的闪干时间，以及涂膜边缘不能喷涂过厚。

10）按照要求干燥中涂底漆。

11）清洗喷枪，如图4-5-16所示。

图 4-5-16　清洗喷枪

3. 打磨中涂底漆

中涂底漆干燥后,表面虽然已经比较光滑平整,但鉴于施工的最终要求,仍需要对中涂底漆进行精细研磨,特别是原子灰施工区域和喷涂过程中产生的缺陷,更需要处理妥当。

1)穿戴好防护用品,如图 3-2-9 所示。

2)施涂打磨指示剂(要求薄而均匀),如图 4-5-17 所示。

图 4-5-17 施涂打磨指示剂

3)选择 P400 号手刨砂纸,打开吸尘开关对原子灰施工区域进行打磨,打磨范围要大于原子灰施工区域。

4)对打磨后的区域再次施涂打磨指示剂。

5)选用 3 号打磨头,安装打磨软垫,如图 4-5-18 所示。

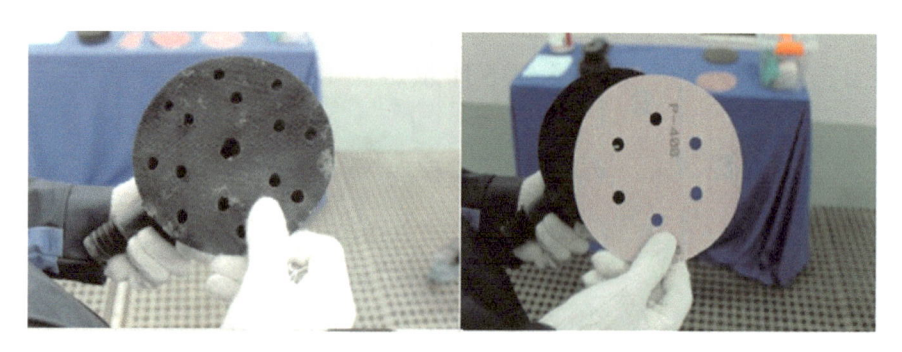

图 4-5-18 安装打磨软垫

6)根据面漆情况选择合适砂纸。

7)将打磨头连接到软管上。

8)打开吸尘开关。

9)打磨中涂底漆。

项目四 喷 涂

先将磨头放到工件上再启动开关,以适当的速度按照从上到下、从左到右的顺序来回挪动,不宜施加太大压力,边角和筋线等容易磨穿的地方留出一定面积手工打磨,将中涂底漆上的桔皮磨透,无碳粉残留,如图 4-5-19 所示。

图 4-5-19 打磨中涂底漆

10)中涂底漆打磨好之后,将板件用喷水壶喷湿,用相当于 P500 号砂纸粗细的菜瓜布配合驳口磨砂膏,均匀打磨中涂底漆周围过渡区域的旧涂层,直至没有光泽为止,如图 4-5-20 所示。

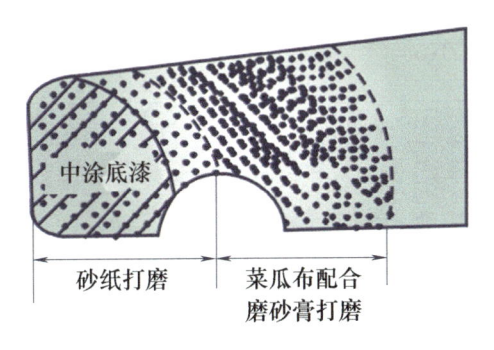

图 4-5-20 打磨示意图

注意在确定过渡区域的范围时,既要考虑能将各涂层容纳在过渡区域内,同时,又要尽可能地缩小整个涂装范围。一般的白珍珠漆及浅银粉漆的过渡区较大,普通银粉漆次之,纯色漆最小。

11)打磨后检查。打磨后中涂底漆表面应平整光滑,无磨穿、桔皮、流挂、颗粒、砂眼等缺陷,任何微小瑕疵都会影响整个涂层的施工效果，对未处理妥善的部位必须重新打磨。

12）中涂底漆研磨后，工件表面粉尘过多，直接使用吹尘枪吹尘容易污染环境。此时，需先用除油布进行擦拭，去除大量灰尘后重复活动二的步骤。

若面漆为油性漆，直接使用油性除油剂鹦鹉700-10进行脱脂清洁即可；若面漆为水性漆，则需先使用鹦鹉700-10进行脱脂，再使用鹦鹉700-1水性清洁剂清洁。

4. 喷涂面漆

1）穿戴好劳保防护用品。

2）根据损伤区域大小确定色母用量。

3）根据车辆信息查询配方调色。

4）根据损伤区域周边的颜色，使用色母挂图对油漆微调，色母挂图如图4-5-21所示。

5）调试喷枪。

① 调整出漆量。将出漆量调节螺母拧紧再退出两圈，然后锁紧锁止螺母，如图4-5-22所示。

图4-5-21　色母挂图

图4-5-22　调整出漆量

② 调整扇面。将扇面调节螺母顺时针拧紧，然后拧至最大开度，注意观察螺母，转动圈数，再拧回1/4开度，如图4-5-23所示。

③ 调整喷涂气压。按下喷枪第一档使出气量全开并保持调整空

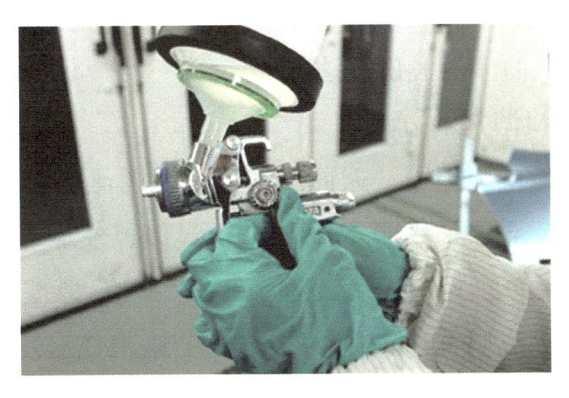

图 4-5-23　调整扇面

气流量螺母，使压力表指针稳定于 1.8bar（1bar = 101kPa），如图 4-5-24所示。

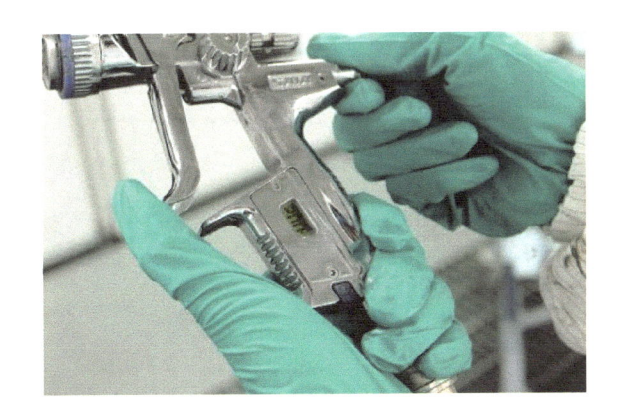

图 4-5-24　调整喷涂气压

④ 试喷，检查喷束状况，如图 4-5-25 所示。

图 4-5-25　试喷，检查喷束状况

6）喷涂面漆、清漆。

单工序纯色面漆的驳口方法：

① 使用驳口溶剂的方法。

a. 中等湿度的喷涂第一遍面漆，喷涂范围比中涂底漆区域略大，在中涂底漆边缘部位采用弧形手法进行过渡，使靠近边缘的面漆比里面的涂层要薄。

b. 按正常厚度喷涂第二遍面漆，完全遮盖住底层，颜色均匀一致，喷涂范围比第一遍面漆稍大，边缘部位同样采用弧形手法进行过渡，如图 4-5-26 所示。

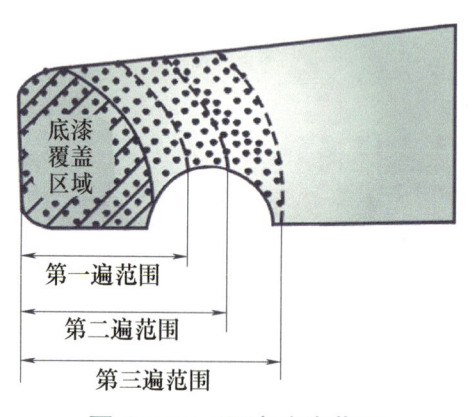

图 4-5-26　面漆喷涂范围

c. 用驳口溶剂按 1∶1 的比例与喷枪里面的涂料进行混合（混合比例要参考具体产品的说明），然后采用弧形喷涂手法，在第二遍面漆上面再湿喷一遍，形成最终的纹理、颜色以及过渡效果。第三遍喷涂的面积也应该比第二遍稍大，但是范围不允许超出驳口准备区。

d. 清洗喷枪，用纯驳口溶剂在第三遍面漆的边缘轻喷 1~2 遍，以用来溶解边缘较粗的涂料颗粒。注意，因为纯驳口溶剂黏度比较稀，喷涂时不宜过厚，否则容易流挂，如图 4-5-27 所示。

② 将双组分清漆当成调和清漆的方法。该方法适用于高光泽的新涂膜及显眼位置的驳口，具体方法如下：

a. 按照弧形喷涂方法喷涂两遍单工序双组分面漆，以盖住底层颜色。

b. 用一份调好的双组分清漆兑两份喷枪里面的面漆，混合均匀之后用弧形喷涂手法覆盖上一层面漆。

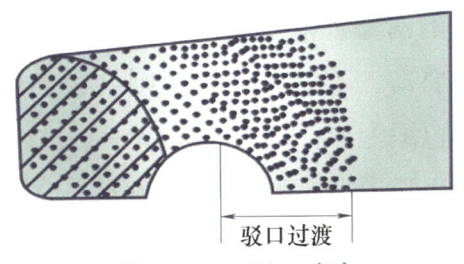

图 4-5-27 驳口喷涂

c. 将喷枪清洗干净，用弧形手法将调配好的清漆覆盖整个经表面处理的区域。

双工序面漆的局部修补涂装方法：

由于双工序面漆有两个涂层，金属漆的颜色效果又与很多因素有关，所以双工序面漆的局部修补涂装要比单工序面漆的局部修补涂装难得多。但是现在的汽车大部分采用的是双工序的金属漆，所以双工序面漆的局部修补涂装工艺是一个合格的涂装工必须掌握的技能。双工序金属面漆的一般局部修补涂装方法如下：

① 调配颜色。根据修补面积的大小，确定底色漆的用量，采用计量调色和人工微调的方法将颜色调配准确。

② 调配涂料。根据涂料的产品说明，选择合适的固化剂和稀释剂类型，确定混合比，调出底色漆及清漆。

③ 喷涂面漆：

a. 喷涂已调配好的金属（银粉）底色漆。

喷涂第一遍底色漆。第一遍底色漆喷涂面积比中涂底漆稍宽，涂层边缘采用弧形喷涂手法，薄薄地喷涂一层，增强涂层间的亲和力，防止出现咬底和走珠等缺陷。

喷涂第二遍底色漆。第二遍底色漆比第一遍色漆范围稍宽，正常喷涂，以盖住底层颜色，同时在涂层边缘要采用弧形喷涂手法，让边缘颜色形成过渡效果。如果此遍喷涂完后还没有完全盖住底材，可以等涂层干燥之后再用相同方法喷涂1~2遍，以保证盖住底层颜色为标准。

喷涂第三遍底色漆。用1∶2的比例混合驳口溶剂和喷枪里面的色漆（混合比例要参考具体产品的说明），采用弧形喷涂手法，薄薄地雾喷1~2遍，以消除金属斑纹并调整金属感，让颜色形成自然过渡。最后，喷涂的范围一定要控制在打磨区域内。

喷涂已混合好的清漆。清漆一般喷涂两遍即可，第一遍喷涂以有光泽为准，涂层要薄，不能太厚，否则会影响颜色效果，喷涂范围以能盖住金属底色漆为准；第二遍稍厚一些，以形成最终的光泽、纹理涂层，边缘采用弧形喷涂手法，喷涂范围比第一遍要大。

b. 驳口过渡处理。先将喷枪里面的清漆1:1混合驳口溶剂，在清漆层与驳口处做渐变，再将喷枪清洗干净后，注入纯驳口溶剂扩大驳口渐变位置。每一次喷涂时都要适当地调整喷枪的气压和喷幅，使之逐渐变小，以达到喷雾逐渐变淡的目的，有时还要根据适当情况改变出漆量。

> **注意：**
>
> 底色漆的喷涂区域面积应尽量小，但也必须同时保证底色漆的有效过渡，并没有明显的断接面和色差。控制底色漆的喷涂方向不超过驳口区域，达到缩小局部修补范围的目的，如图4-5-28所示。
>
> 图 4-5-28　色漆喷涂示意图

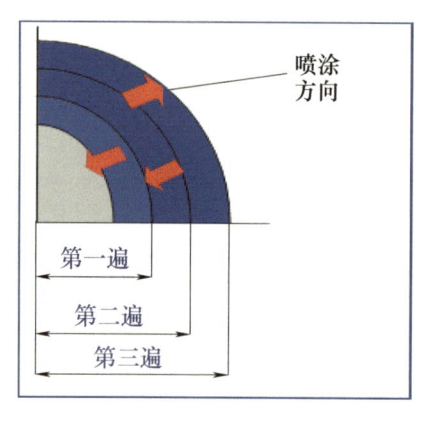

清漆喷涂的面积应该要能把底色漆完全盖住，喷涂时的方向朝内，这样可以控制整个涂层的面积。喷涂驳口溶剂时方向朝外，让涂层形成一个由厚到薄的过渡，如图4-5-29所示。

喷涂各层涂料时，涂层边缘一定要形成一个由厚到薄的过渡。这样才能最终与周围未修补的区域相融合。

④ 双工序金属漆的颜色效果与涂层干燥程度有关，所以底色漆在喷涂时一定要每层充分闪干。

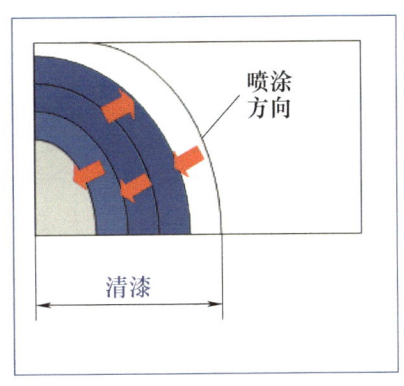

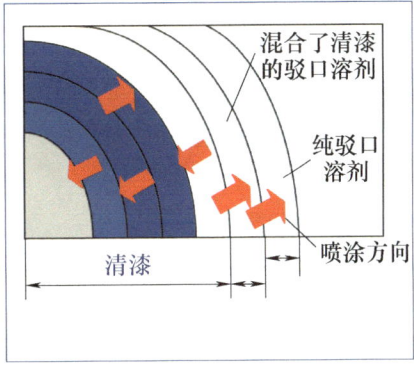

图 4-5-29 清漆驳口喷涂示意图

活动四 教学评价

教学评价要按照塑料件喷涂考核表进行，见表 4-5-1。

表 4-5-1 塑料件喷涂考核表（100分）

考核时间	考核项目	配分	评分标准	得分
100min	素色漆局部修补前准备	10	按要求酌情扣分，并指正	
	素色漆预喷涂	5	按要求酌情扣分，并指正	
	素色漆着色喷涂	10	按要求酌情扣分，并指正	
	素色漆修饰喷涂	5	按要求酌情扣分，并指正	
	金属漆局部修补前准备	5	按要求酌情扣分，并指正	
	底清漆喷涂	5	按要求酌情扣分，并指正	
	金属漆喷涂	10	按要求酌情扣分，并指正	
	金属漆消斑处理	10	按要求酌情扣分，并指正	
	透明清漆的喷涂	10	按要求酌情扣分，并指正	
	晕色处理	10	按要求酌情扣分，并指正	
	整理工具、清理现场	10	每项扣2分，扣完为止	
	遵守相关安全操作规范，在规定的时间内完成	10	因违规操作发生人身和设备事故，终止考核，成绩按0分计；超时每分钟扣2分，超时5min终止考核	

任务六　抛光

任务描述

喷漆结束后，清漆表面出现肉眼可见的瑕疵，从视觉上观察后发现漆面没有光泽，用手摸上去粗糙，有明显的颗粒感。现在需要对瑕疵部位进行分析，确定修复方法并完成修复。

任务目标

素养目标	能力目标	知识目标
1）通过查阅资料，培养学生信息获取与分析问题的能力 2）实施中注重培养学生工作严谨求实的意识 3）通过小组合作，培养学生自主学习、团队合作的意识 4）在实际任务完成过程中培养学生的服务意识	1）能够通过查阅资料获取漆面瑕疵的处理方法 2）能够根据漆面状况制订修复方法 3）通过小组合作，能够正确完成漆面修复	1）了解喷涂完成后漆面容易出现的瑕疵类型 2）掌握出漆面瑕疵的处理方法

活动一　知识准备

清漆表面出现尘点、桔皮和流挂等情况，可以待漆面完全干燥固化后根据问题严重程度选用P800～P2000号砂纸进行水砂打磨，再配合抛光机和专用研磨剂进行抛光处理。

活动二　施工前准备

1. 实训器材准备

高速抛光机、抛光盘、研磨剂、水砂纸、垫板、美纹纸胶带等，如图4-6-1所示。

2. 人员准备

参训学生穿戴好防护用品，将实训用品摆放整齐，等待老师指令。

项目四 喷　　涂

图 4-6-1　实训器材准备

活动三　施工

1. 检查工位设备工具

检查工位设备工具是否可以正常使用。

2. 修复过程

步骤一：水砂打磨

情况一：尘点的处理方法

将需要处理的部位清洁干净，非施工区域用美纹纸胶带或遮蔽膜进行保护。根据尘点的颗粒大小及密集程度，依次选用 P1500 号、P2000 号水砂纸进行局部打磨，在施工过程中砂纸要配合清水打磨，切记不可干磨，否则会造成过度打磨，打磨时要有一定的方向性。或使用 DA 机配合 P5000 号水砂盘进行打磨处理，打磨过程中要时刻保证打磨区域湿润，切记不可干磨，DA 机调制 2~3 档为宜，如图 4-6-2所示。

质量标准：打磨完成后漆面呈均匀哑光状态，不可出现亮点，不可出现错乱的砂纸痕及深划痕，用手触摸打磨区域光滑，无颗粒感。

情况二：桔皮的处理

将需要处理的部位清洁干净，非施工区域用美纹纸胶带或遮蔽膜进行保护。根据桔皮的严重程度依次选用 P1000 号、P1500 号、

P2000号水砂纸进行局部打磨（如桔皮严重，可先用P800号砂纸进行打磨），在施工过程中砂纸要配合清水打磨，切记不可干磨，否则会造成过度打磨，打磨时要有一定的方向性。或使用DA机配合P3000号水砂盘进行打磨处理，待施工区域打磨均匀哑光后，更换P5000号水砂盘进行二次过渡打磨。打磨过程中要时刻保证打磨区域湿润，切记不可干磨，DA机调制2~3档为宜。

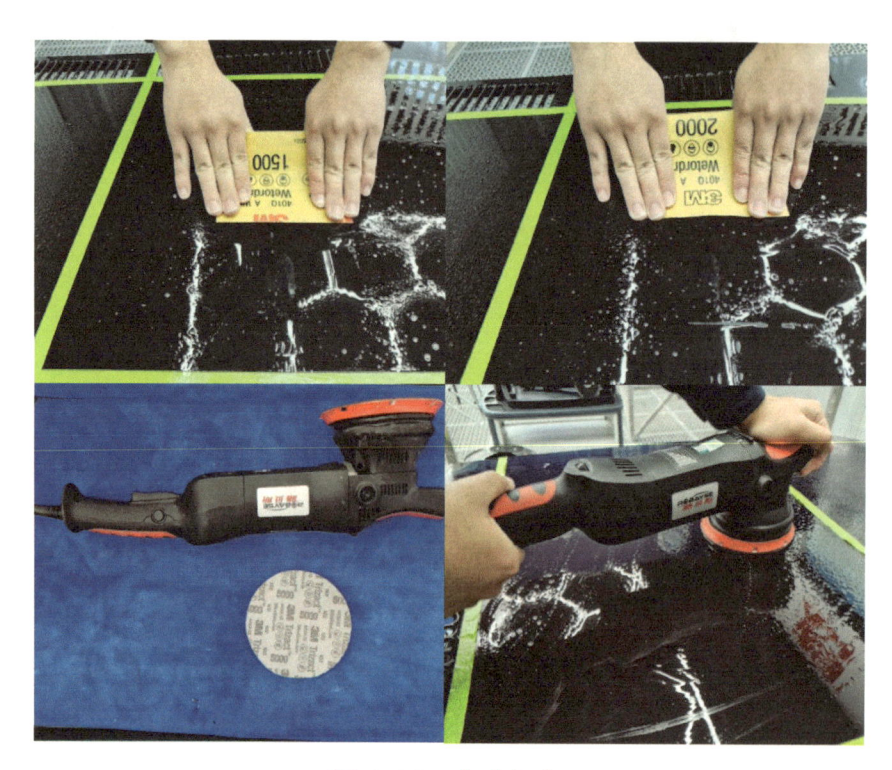

图4-6-2　水砂打磨

质量标准：打磨完成后漆面呈均匀哑光状态，不可出现亮点，不可出现错乱的砂纸痕及深划痕，用手触摸打磨区域光滑，无颗粒感。

情况三：流挂的处理

将需要处理的部位清洁干净，非施工区域用美纹纸胶带或遮蔽膜进行保护。根据流挂的严重程度依次选用P800号、P1000号、P1500号、P2000号水砂纸进行局部打磨，在施工过程中砂纸要配合清水打磨，切记不可干磨，否则会造成过度打磨，打磨要有一定的方向性。或使用DA机配合P3000号水砂盘进行打磨处理，待施工区域打磨均匀哑光后，更换 P5000 号水砂盘进行二次过渡打磨。打磨过程中要时刻保证打磨区域湿润，切记不可干磨，DA 机调制 2~3 档为宜。

质量标准：打磨完成后漆面呈均匀哑光状态，不可出现亮点，不可出现错乱的砂纸痕及深划痕，用手触摸打磨区域光滑，无颗粒感，如图 4-6-3 所示。

图 4-6-3　打磨后状态

步骤二：漆面抛光

待打磨完成后，接下来进行漆面抛光处理，将抛光蜡均匀涂抹在羊毛盘上，单次抛光面积在 30cm×30cm 宽范围内为宜，抛光机转速控制在 1500~2000r/min 范围内。初期以中等偏上的压力压住抛光盘匀速抛光，观察漆面，待砂纸痕消除后放松压力将蜡痕抛开，此过程恢复漆面一定的光泽，抛光后应使用超细纤维布擦拭干净漆面残留的粉尘。抛光是进一步平整漆面，使漆面光泽度自然呈现，如图 4-6-4 所示。

质量标准：漆面呈现部分光泽，恢复漆面平整度和初始光泽。

步骤三：镜面还原

更换柔软海绵盘，抛光机转速控制为 2000~2500r/min，配合镜面处理剂对抛光后的漆面进行还原处理，注意还原剂用量不宜过多，方便收蜡，如图 4-6-5 所示。

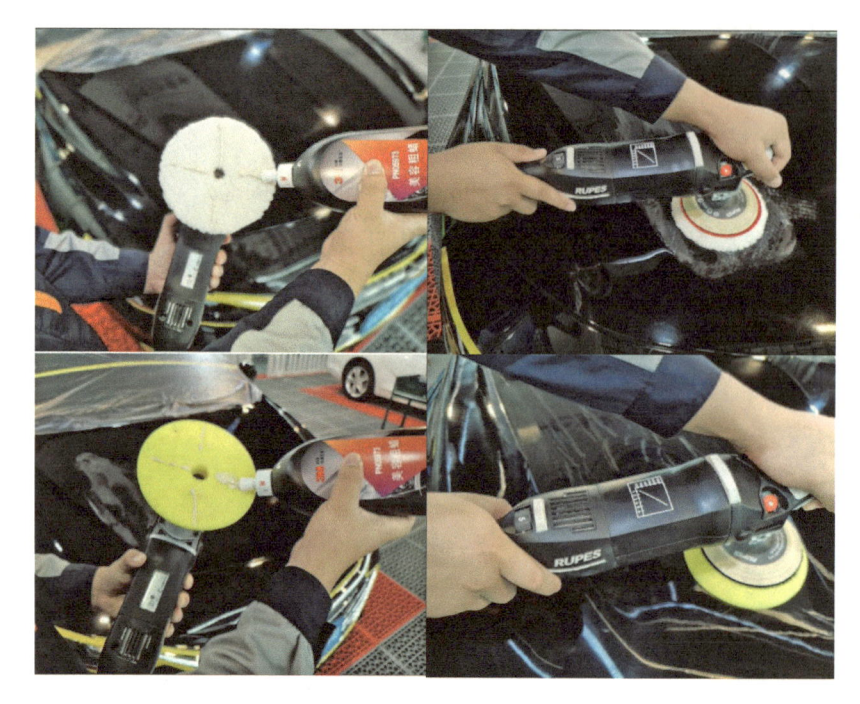

图 4-6-4　漆面抛光

图 4-6-5　漆面还原处理

质量标准：出现镜面效果，光泽度比抛光前得到大幅度改善，倒影清晰可见。

3. 7S 整理

整理工位，将工具设备归位。

活动四　交车

1）服务接待人员电话联系客户，预约交车时间，并开出费用清单。

2）客户取车前对车辆进行全面的质量检查，热情接待并向客户详细地解释工作的完成情况，告知车主需要注意的事项。

3）引导客户到收银台缴费。

4）交车前服务接待人员再次检查，确保车辆干净整洁后，将钥匙交还车主。

5）跟踪回访环节。在完成维修后的 2~5 个工作日内，要给客户打追踪电话，以了解客户对本次维修是否满意，如图 4-6-6 所示。

图 4-6-6　交车

活动五　教学评价

教学评价要按照抛光考核评分表进行，见表 4-6-1。

表 4-6-1　抛光考核评分表（100 分）

考核时间	考核项目	配分	评分标准	得分
30min	安全防护	10	未按照要求穿戴防护用品每种扣 2 分	
	施工流程	80	水砂施工方法错误扣 25 分	
			抛光施工方法错误扣 25 分	
			镜面还原施工方法错误扣 30 分	
	7S 整理	10	操作完毕后未恢复原位扣 1~10 分	

项目五

塑料件喷涂

任务描述

张先生的 2016 款一汽大众迈腾前保险杠损伤、破裂，经维修技师评估原车保险杠已无法修复，与张先生沟通后决定更换保险杠。现保险杠已经到货，请你对该保险杠进行喷漆处理。

任务目标

素养目标	能力目标	知识目标
1）通过查阅资料，培养学生信息获取与分析问题的能力 2）在操作过程中注重培养学生的安全意识、节约意识 3）通过小组合作，培养学生自主学习、团队合作意识 4）在实际任务完成过程中培养学生的服务意识	1）能够通过查阅资料获取塑料件的喷涂方法 2）能够正确对塑料板件做表面预处理 3）能够正确区分不同类型的塑料板件 4）通过小组合作，能够完成塑料件的喷涂施工	1）了解塑料件的前处理工艺流程 2）熟悉塑料件的特性 3）掌握塑料件的鉴别方法

活动一 知识准备

1. 塑料的种类

塑料的种类很多，按其受热性能的不同，可分为热固性塑料和热塑性塑料两大类。

热固性塑料是指经一次固化后，不再受热软化，只能塑制一次的塑料。这类塑料耐热性能好，受压不易变形，但力学性能较差。

热塑性塑料是指受热时软化，冷却后变硬，再加热又软化，冷却又变硬，可反复多次加热重新制造的塑料。这类塑料加工成型方便、力学性能较好，但耐热性相对较差，容易变形。热塑性塑料数量很大，约占全部塑料的80%。

2. 塑料的鉴别方法

（1）查看塑料件上的 ISO 代号

一般正规厂家生产的塑料件在工件背面都会印上 ISO 国际符号标识，也就是塑料代号，在零件拆下后就能看到，如图 5-1-1 所示。

（2）查看维修手册

无 ISO 标识时，可通过查找车身维修手册，查看部件的塑料种类，如图 5-1-2 所示。

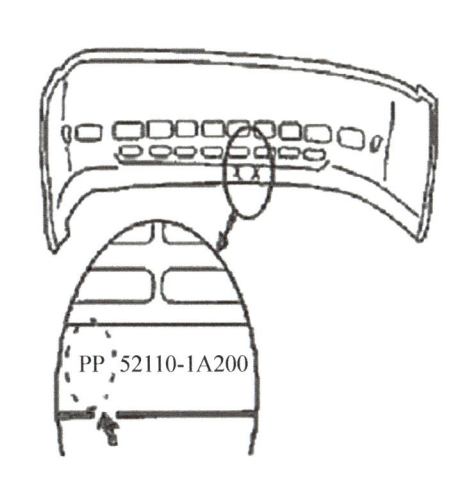

图 5-1-1　塑料代号　　　　图 5-1-2　维修手册

（3）燃烧鉴别

切下一小片塑料，用镊子夹住在火中燃烧，查看其火焰颜色、燃烧情况及闻气味。如 PVC 塑料受热后易熔化，燃烧时火焰呈绿色或青色，有盐酸味；聚烯烃类塑料在燃烧时的火焰没有明显的烟雾，有蜡的气味；聚酯酸纤维素类塑料经点燃后有醋酸味；ABS 塑料燃烧时有明显的烟雾产生，如图 5-1-3 所示。

（4）焊接法

用不同类型的塑料焊条与塑料进行试焊接，能与之焊合的为此种焊条类型的塑料品种。

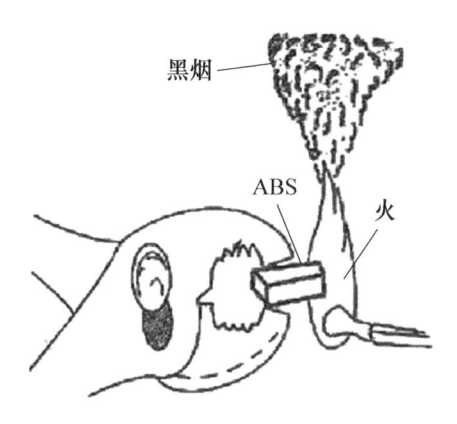

图 5-1-3　ABS 塑料燃烧试验

(5) 敲击法

用手敲击塑料制品内侧，PU 塑料声音较弱，PP 塑料声音较脆。

(6) 其他简易鉴别法

PU 塑料用砂纸打磨后没有粉末，而 PP 塑料用砂纸打磨后有粉末。PU 塑料易被划伤，PP 塑料不易划伤。

3. 塑料件表面前处理

(1) 脱脂处理

塑料表面的油污及脱模剂（如蜡、硅油或硬脂酸等）会大大降低涂料的附着力和引起涂膜缩孔等弊病，因此，在涂漆前应当彻底将其除去，一般可采用溶剂清洗或采用与金属件类似的碱液清洗的方法。

(2) 化学处理

塑料件表面通过采用适当的化学物质（如酸、氧化剂、聚合物单体等）对其进行处理，使其发生化学变化，形成活性基团或选择性地除去表层低分子成分，使表面呈多孔状态，从而改善涂料在塑料表面上的附着力。如铬酸、硫酸混合液的氧化处理，是通过铬酸、硫酸混合液对塑料表面的氧化而导入极性基团，从而提高表面的润湿性。

(3) 退火处理

塑料成型时一般采用高温注塑，冷却过程中易形成内应力，在涂装时与溶剂接触，产生溶胀，在应力集中处产生开裂。因此，为了消除内应力，一般在脱脂清洗以后，将塑料件加热到低于热变形

项目五 塑料件喷涂

的温度下并维持一定时间,这就是退火处理。塑料件在经过物理或化学处理后要进行烘干,在烘干的过程中就完成了退火处理的过程。

(4) 静电除尘

塑料是绝缘体,容易产生静电,在干燥冷却的过程中易吸附灰尘,因此在涂装之前常用离子化的空气来除尘。用压缩空气通过装有高压电极的喷嘴,利用电晕放电使空气电离,离子化的空气喷到塑料表面,使塑料表面和灰尘的电性被中和并使之带有相同的电荷,由相吸变成相斥,因而灰尘容易被清除掉。

采用电晕放电或火焰处理也可以改变塑料表面的状态,提高塑料表面的粗糙度值,从而提高了涂层的附着力。

塑料件表面处理的程度和均一性,是保证随后的涂装质量的关键。通常,检查塑料表面处理质量的方法是将处理过的塑料件浸入水中,取出后观察水膜的完整情况。水膜均匀润湿,则证明处理程度好。在处理过的塑料件上滴上水滴,水滴的扩散程度越好,表明处理越好。

活动二 施工前准备

1. 工具、设备的准备

塑料件的涂装主要用到的工具设备有喷漆房(图 5-1-4)、空气压缩机及空气分配管道(图 5-1-5)、油水过滤器(图 5-1-6)、喷枪(图 5-1-7)、吹风筒(图 5-1-8)、喷涂支架、刮刀、调漆尺(图 5-1-9)、烤灯(图 5-1-10)、砂轮机、干磨系统(图 5-1-11)等。

图 5-1-4 喷漆房

图 5-1-5 压缩空气系统

图 5-1-6 油水过滤器

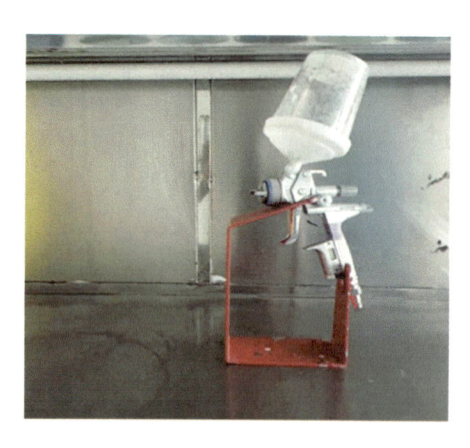

图 5-1-7 喷枪

图 5-1-8 吹风筒

图 5-1-9 调漆尺

图 5-1-10 烤灯

图 5-1-11 干磨系统

2. 主要材料的准备

（1）塑料清洁剂

塑料清洁剂主要是用来清除塑料脱膜剂或其他污染物的，功能类似于塑料除油剂。

（2）塑料静电消除液

塑料静电消除液主要是防止塑料表面静电的聚集，确保表面无灰尘，如图 5-1-12 所示。

（3）塑料底漆

塑料底漆主要是用于塑料材质表面，增强塑料表面的附着力。一般塑料底漆有不同的品种，分别适用于不同的塑料表面，在选用时一定要根据塑料的材质选择相应的塑料底漆，如图 5-1-13 所示。

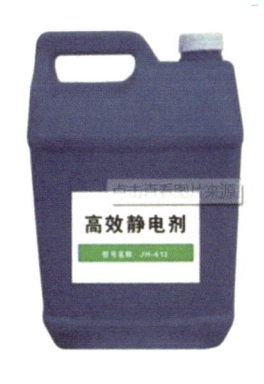

图 5-1-12　塑料静电消除液

图 5-1-13　塑料底漆

（4）塑料柔软剂

塑料柔软剂又称为塑料增塑剂，主要是为了提高涂层的柔韧性，使之能很好地附着于塑料表面。使用了塑料柔软剂的涂层耐冲击强度、弯曲性能、伸长率、附着力等物理性能都有所提高，但涂层抗张强度、硬度、耐热等性能有所下降。塑料柔软剂的使用必须按照产品技术说明进行，添加过多会导致涂层过软及失光，添加过少会导致涂膜龟裂，如图 5-1-14 所示。

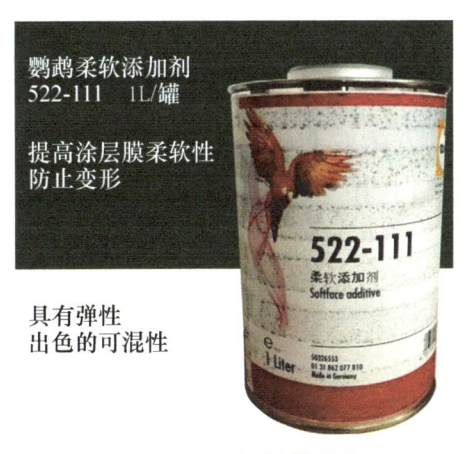

图 5-1-14　塑料柔软剂

（5）减光剂

减光剂又称为哑光剂，主要是用于降低面漆的光泽，以达到所需的低光泽效果，如图 5-1-15 所示。

（6）塑料原子灰

塑料原子灰，如图 5-1-16 所示。

图 5-1-15　减光剂　　　　　图 5-1-16　塑料原子灰

（7）其他材料

其他材料包括各种型号的砂纸、菜瓜布、擦拭布、粘尘布、遮蔽胶带、遮蔽纸等。

活动三　施工

1. 除去新保险杠表面的脱模剂

方法如下：

1）用 1 份塑料清洁剂与 2~4 份清水混合，配制成塑料清洗液。

2）灰色菜瓜布涂上塑料清洁剂打磨新保险杠，以除去保险杠上的油渍和脱模剂，如图 5-1-17 所示。

> **注意：**
> 用温水配制塑料清洗液，其去脱模剂和清洁除油的能力会大幅度增加。

2. 清除保险杠表面的残留物

方法如下：

1）用清水彻底洗掉塑料件上的残留物，然后用毛巾擦去保险杠表面的水,如图 5-1-18 所示。

图 5-1-17　去除脱模剂

图 5-1-18　清除保险杠表面的残留物

2)用除尘枪将压缩空气吹向保险杠的表面,一边吹一边用毛巾擦拭,以去除保险杠表面和缝隙里的水分,如图 5-1-19 所示。

并配合使用吹风枪

图 5-1-19　吹干水分

> 注意：
> 　　如果保险杠上积留的水一时难以清除，则需要在水洗或清洁之后加温或放置一段时间，以便于水分充分蒸发。

3. 去除塑料保险杠表面的静电

方法如下：

将溶剂型抗静电清洁剂倒在一块清洁的擦布上，然后用擦布擦拭保险杠表面，以消除塑料保险杠表面积聚或打磨时产生的静电，如图 5-1-20 所示。

图 5-1-20　去除静电

> 注意：
> 　　如果不消除静电，喷涂在保险杠上的涂料就不能均匀附着。

4. 喷涂前遮盖

方法如下：

1）用遮盖纸和遮盖胶带对保险杠的中间格进行遮盖。

2）遮盖完成后，检查遮盖是否符合要求，有无过度遮盖和遮盖不足的现象，如图 5-1-21 所示。

> 注意：
> 　　塑料保险杠中间栅格和背面不需要喷涂面漆，因此必须进行遮盖。

5. 保险杠表面的二次清洁

方法如下：

1）用除尘枪将压缩空气吹向保险杠表面，边吹边用干净的毛巾擦拭。

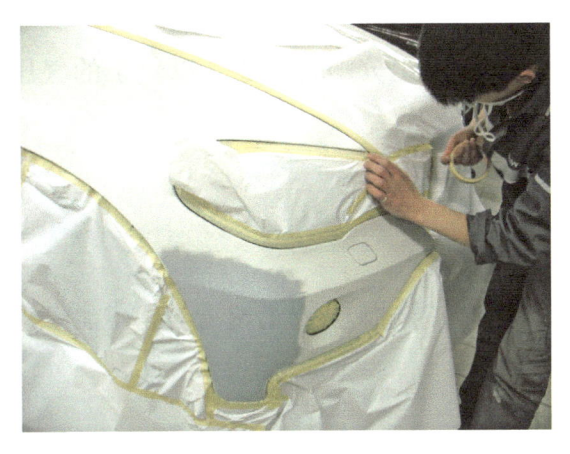

图 5-1-21　喷涂前遮盖

2）在干净的毛巾上倒上除油剂，擦拭保险杠表面，然后用另一块毛巾擦干，进一步清除表面的油脂。

3）用粘尘布在保险杠表面轻轻擦拭，进行喷涂前最后一次除尘工作，如图 5-1-22 所示。

图 5-1-22　粘尘

> **注意：**
> 粘尘时，用粘尘布擦拭的动作一定要轻，否则会在待涂表面留下黏附物，影响涂装的质量。

6. 喷涂塑料底漆

方法如下：

1）在喷枪中加入单组分塑料底漆，以较小的气压在保险杠表面薄薄地喷涂一层塑料底漆。

2）静置，闪干 2~3min。

> **注意：**
> 塑料底漆的作用是增加底材的附着力，不能喷得太厚，谨防产生流挂。

7. 调制并过滤中涂底漆

方法如下：

1）按照产品说明书的要求，在中涂底漆中加入适量的柔软剂，稀释至合适的喷涂黏度。

2）选取 100 目的涂料过滤网，将滤网放在喷枪的涂料罐上，然后将中涂底漆倒入滤网中进行过滤，如图 5-1-23 所示。

图 5-1-23　过滤中涂底漆

> **注意：**
> 柔软剂可以使涂膜变得柔软并具有伸缩性，以顺应底材的变形而避免开裂，柔软剂的加入量必须按产品说明严格操作。

8. 喷涂中涂底漆

方法如下：

1）在塑料底漆未干的情况下，采用湿碰湿的喷涂方式喷涂中涂底漆，如图 5-1-24 所示。

图 5-1-24 喷涂中涂底漆

2）用红外线烤灯或烤漆房烘烤，使涂膜彻底干燥。

3）用 P400 号干砂纸打磨中涂底漆层，然后将打磨过的表面清洁干净。

> **注意：**
> 面漆是素色漆，中涂底漆层选用 P400 号砂纸打磨；面漆是金属漆，中涂底漆层选用 P500 号砂纸打磨。

9. 喷涂面漆

方法如下：

1）用压缩空气吹拂喷涂表面，用粘尘布擦拭落到保险杠上的灰尘，然后喷涂两层湿底色漆，如图 5-1-25 所示。

图 5-1-25 喷涂湿底色漆

2）静置 10~15min，然后喷涂清漆。

> **注意：**
> 如果底色漆是单工序素色漆，则不需要进行清漆的喷涂。

10. 涂膜的干燥

方法如下：

1）清漆喷涂结束后，静置 10~15min。

2）打开红外线烤灯，在温度为 60℃ 的条件下烘烤 30min 即可，如图 5-1-26 所示。

图 5-1-26　涂膜干燥

> **注意：**
> 不同的涂料，其层间闪干的时间也不一定相同，闪干和强制干燥的时间必须遵照产品说明书的要求。

活动四　教学评价

教学评价要按照塑料件喷涂考核表进行，见表 5-1-1。

表 5-1-1　塑料件喷涂考核表（100 分）

考核时间	考核项目	配分	评分标准	得分
100min	使用工具正确	10	工具使用不当酌情扣分，并指正	
	保险杠表面脱模剂的清除	10	按要求酌情扣分，并指正	

（续）

考核时间	考核项目	配分	评分标准	得分
100min	保险杠表面静电的消除	5	按要求酌情扣分，并指正	
	塑料底漆的喷涂	5	按要求酌情扣分，并指正	
	保险杠中涂底漆的喷涂	10	按要求酌情扣分，并指正	
	保险杠面漆的喷涂	10	按要求酌情扣分，并指正	
	抗砂石撞击涂装表面的清洁	10	按要求酌情扣分，并指正	
	抗砂石撞击涂料的涂装	10	按要求酌情扣分，并指正	
	中涂、面漆的喷涂与干燥	10	按要求酌情扣分，并指正	
	整理工具、清理现场	10	每项扣2分，扣完为止	
	遵守相关安全操作规范在规定的时间内完成	10	因违规操作发生人身和设备事故，终止考核，成绩按0分计；超时每分钟扣2分，超时5min终止考核	

项目六

颜色微调

任务描述

经过中涂处理好的车门,下一个涂层是面漆层,在进行面漆涂装之前,请你根据车门原来的颜色调好面漆的颜色。

任务目标

素养目标	能力目标	知识目标
1)通过查阅资料,培养学生信息获取与分析问题的能力 2)在评估过程中注重培养学生节约成本的意识 3)通过小组合作,培养学生自主学习、团队合作的意识 4)在实际任务完成过程中培养学生的服务意识	1)能够通过查阅资料获取颜色的基本知识 2)能够正确运用调色方法完成对汽车颜色的调配 3)能够熟练做好面漆喷涂前的工作	1)掌握面漆的选用原则和用量估计的方法 2)掌握面漆调色的基本知识和调色步骤 3)掌握基本工具的使用方法

活动一 知识准备

汽车车漆的颜色通常由多种不同颜色的色母相互混合调配而成,在日常使用过程中,随着汽车漆面老化和褪色等问题,汽车漆颜色也在不断地变化。

调色是一种综合性的技能,它不仅要求作业者的眼睛要有敏锐的色感及辨色能力,更重要的是能根据所看到的现象,运用所学的颜色知识,选出正确的色母,完成调色工作。所以想要成为一个合格的调漆工,学生必须先要掌握颜色的基本理论知识、调色的基本规律和技能。

1. 颜色理论基础

(1) 成色方式

1) 吸收成色:物体通过对光的吸收,反射和透射形成颜色,如图 6-1-1 所示。

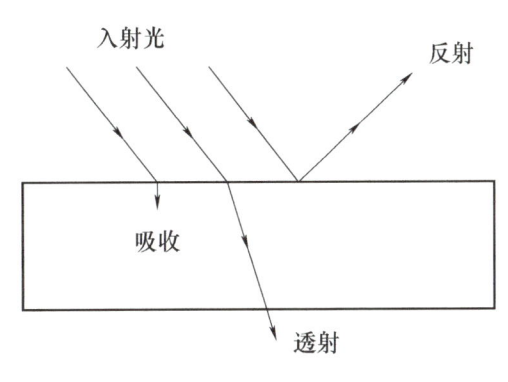

图 6-1-1　吸收成色

2) 色散成色:光照时流光溢彩,钻石如图 6-1-2 所示。

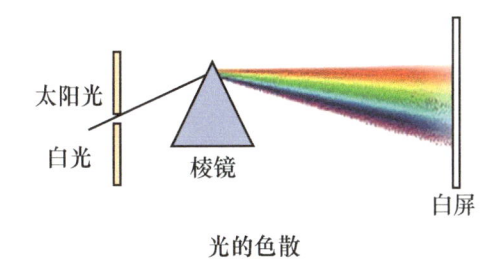

图 6-1-2　色散成色

3) 干涉成色:光在某些物体表面因干涉现象而呈现颜色,如肥皂泡,如图 6-1-3 所示。

(2) 颜色分类

根据物体对光的吸收情况,自然界中所有的颜色可以分为无彩色和有彩色两大类。物体对光的选择性吸收是形成彩色的根本原因,根据物体对

图 6-1-3　干涉成色

光的反射与透射情况，通常把不发光体分为透明体与不透明体两类。

1）透明体成色原理。透明体的颜色是由它本身经过选择性吸收之后透过去的色光所决定的。透射什么色光，物体便呈现什么颜色。

2）不透明体成色原理。不透明体的颜色是由它本身经过选择性吸收之后反射出的色光决定的。反射什么色光，物体就会呈现什么颜色。

不论是透明体还是不透明体，它们之所以能呈现彩色，归根结底是由于它们本身能对入射白光进行选择性吸收的缘故。物体所呈现的颜色是由入射光中减去被吸收色光后反射或透射色光的颜色。通常，人们把入射光被物体反射或透射的光色称为物体色。物体色可以是彩色，也可以是无彩色。

3）无彩色。物体对入射白光进行不同程度的非选择性吸收之后所呈现的颜色，就是从白到黑的一系列中性灰色，即无彩色。如果入射光照射到某物体上，经过程度极小的非选择性吸收，绝大部分入射光都被反射出来，这种物体色就是白色。如果某物体能将入射光全部等比例吸收，几乎很少有光反射出来，那么这种物体色就是黑色。如果某物体将入射白光等比例吸收一部分，反射另一部分，这种物体色就是灰色。

(3) 影响颜色的三要素

人们要感知到颜色，必须要具备光源、观察者（眼睛）和物体三个要素，换言之，这也是观察者用来看到和分辨颜色必不可少的条件，如图 6-1-4 所示。

图 6-1-4　影响颜色的三要素

通常钣喷车间内使用的光源多为白炽灯和荧光灯，白炽灯光带有更多的黄光、橙光和红光，而荧光灯带有紫光和红光，在这些光源下进行颜色对比时会造成颜色调配不准确。

当一束白光通过三棱镜后会形成红、橙、黄、绿、青、蓝、紫等有色光带，这便是光谱，颜色从紫到红。人类的眼睛能看到光谱中波长在 380~780nm 的光线，即俗称其为可见光谱，如图 6-1-5 所示。

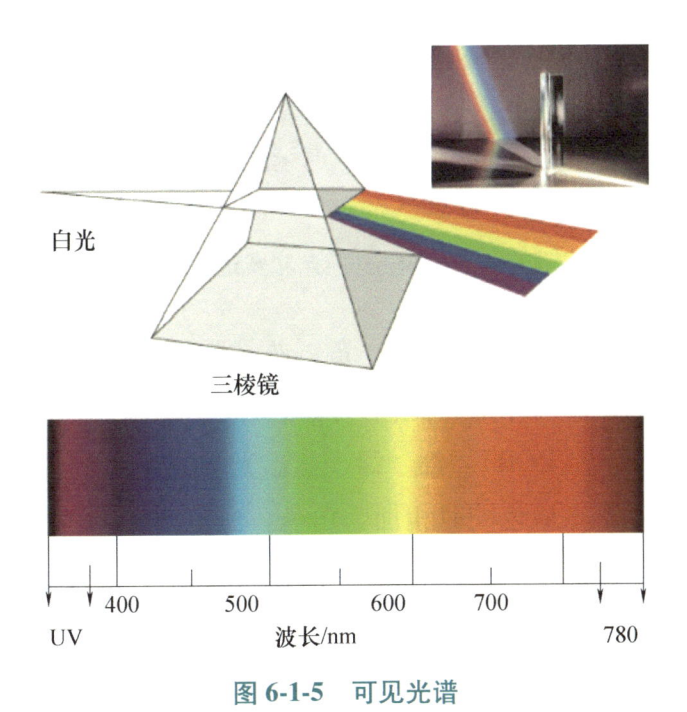

图 6-1-5　可见光谱

人眼具有感红、感绿和感蓝三种神经纤维，并由此合成多种色感，据有关数据表明，人的眼睛能辨别出 1000 万种颜色。视觉正常的人，可以用红绿蓝三原色光混合匹配出光谱上的各种颜色。

物体：物体是观察的对象，当光源照射到物体表面上时，物体对照射到其表面的光线有反射、吸收和透射三种反应，将不同频率或波长反射到人眼睛。当人们看到一个有颜色的物体时，实际上是除了这种颜色外，这个物体将其他所有的光都吸收了，简单地说物体的颜色就是其反射光线色。例如，当人们看到的物体是黑色时，说明该物体将所有的光吸收了；反之，当该物体反射了所有的光时，人们看到的是白色；当所有的光都透过这个物体时，那人们看到的是无色的透明体。

(4) 三原色

三原色是指色彩中不能再分解的三种基本颜色，通常说的三原色，是色彩三原色以及光学三原色，如图6-1-6所示。

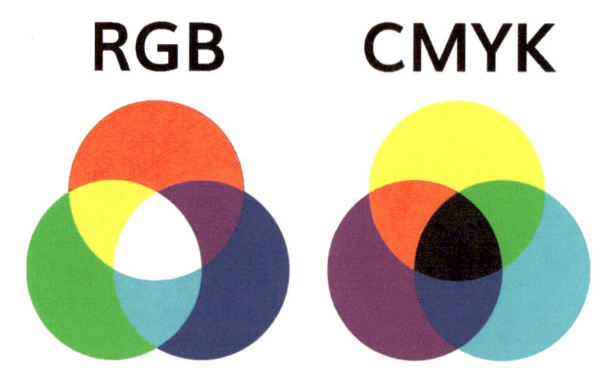

图6-1-6　加法三原色和减法三原色

颜料三原色（CMYK）：红、黄、蓝。色彩三原色可以混合出所有颜料的颜色，同时相加为黑色，黑白灰属于无色系。

光学三原色（RGB）：红、绿、蓝。光学三原色混合后，组成显示屏显示颜色，三原色同时相加为白色，白色属于无色系（黑白灰）中的一种。

复色：三种原色料相混合形成的新颜色被称为复色，也可称为第三次色。

注意：

1) 三原色中的蓝（B）并不是最正的蓝，而是一种偏向紫色一端的紫蓝色，或者按牛顿的说法，称为靛色。

2) 亮紫色（#FF00FF）为标准紫色（#800080）明度提升的结果，有人称为"品红"，但它并非真正意义上的品红（印刷业中的品红色相为327°，是一种玫红色，和亮紫明显不同），实际上是一种误称。

如果三原色光中某一种色光与某一种三原色光以外的色光等量相加后形成白光，则称这两种色光为互补色光。互补色光之间，能够形成相互阻挡的效果。于是可知黄光与蓝光、红光与青光、绿光与紫光三对互补色光,如图 6-1-7 所示。

图 6-1-7　十二色相环

(5) 颜色的属性

1) 色相:色相是色彩第一个性质,通常描述为红色、黄色、蓝色等。将不同的色相排成一个圆环,沿着圆环的周边每向前走一步,色相都会发生变化,如图 6-1-8 所示。

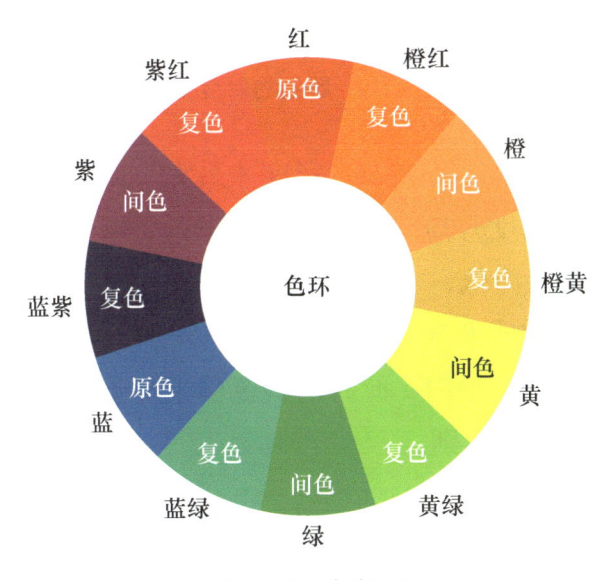

图 6-1-8　色相环

2) 明度:明度是指色彩的明暗深浅程度,明度的深浅,要看其接近白色或灰色的程度而定,越接近白色,其明度越高,越接近灰色或黑色，其明度越低。它的定义为反射光的总量与入射光的总量之比，如图 6-1-9 所示。

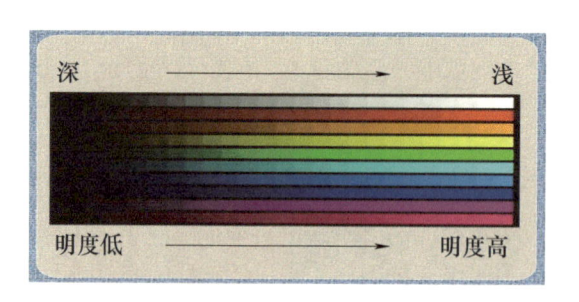

图 6-1-9　颜色的明度变化

3）彩度：彩度指颜色的鲜艳程度，也称为色彩的饱和度。彩度一般需要在同一色相和明度的颜色下比较。彩度常用高、低、鲜艳、混浊来描述，彩度越高，色越纯、越艳；彩度越低，色越涩、越浊，如图 6-1-10 所示。

图 6-1-10　颜色的彩度变化

只有在明度适中时，颜色的彩度才最大。如果向某一颜色中加入白色，会使其明度升高，但彩度会变小；如果向同一颜色中加入黑色，会使其明度降低，彩度也会减小。因此，当各种颜色由于无彩色成分的加入使明度升高或降低时，彩度都会随之减小。当颜色的明度趋于最大或最小时，此时的颜色已近似于白色或黑色，彩度也就趋近于零而难以鉴别。

2. 汽车颜色获取

目前，汽车修补漆颜色获取的方法有很多，常见的有盲调（凭经验）、色卡对比法、查找原车涂料颜色编号及使用测色仪辨别原车颜色等。

(1) 盲调

盲调在市面小规模的调漆店最为常见，为汽车修补漆调漆最高境界，就是依据配色规律和长期积累的经验，识别出原车颜色是由哪种主色和哪几种副色组成的，配比大约是多少，操作者应具备丰富的调色经验。但通常这种调配出来的漆颜色匹配度一般不高，容易出现同色异构现象，该方法一般用于对涂装质量要求不高的车身部位，如图 6-1-11 所示。

图 6-1-11　盲调

（2）色卡对比法

色卡对比法是使用专用比色色卡组与原车颜色进行反复对比，找出与原车颜色最接近的色卡，如图 6-1-12 所示。

图 6-1-12　色卡对比颜色

（3）查找原车涂料颜色编码

查找汽车铭牌上的色号，通过涂料供应厂商的配方光盘或网络在线查色，以获取原车的颜色配方。大部分乘用车车身都印制有一个颜色编号的漆码,通过漆码可以获得原厂漆颜色。通过涂料供应厂家提供的原厂色配方,以减小修补色与原车色的差别。

(4) 测色仪辨别原车颜色

测色仪是专门分析车身涂层颜色的电子装置,其主要由光源、单色器、积分球、光电桥检测器及数据处理器等组成,可以测出涂层的光谱反射率曲线,通过库贝尔卡-芒克配色理论计算出涂层颜色的三刺激值(色调、饱和度、明度),再由计算机配色软件进行配色,如图 6-1-13 所示。

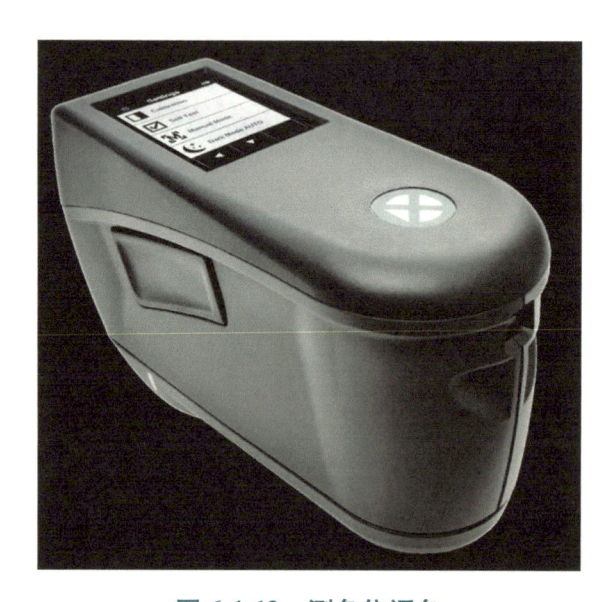

图 6-1-13 测色仪调色

活动二 施工设备准备

1. 实训器材准备

面漆调色时的主要设备和工具有电子秤、试板干燥箱、调色灯箱、测色仪、色母挂图、配方计算机等,如图 6-1-14 所示。

电子秤:专门用于色母称量,一般精确到小数点后 1~2 位。

试板干燥箱:用于烘烤试板。

调色灯箱:可以达到最接近自然光的效果,避免颜色误观察。

测色仪:用于颜色识别分析。

色母挂图:用于色母特性指导。

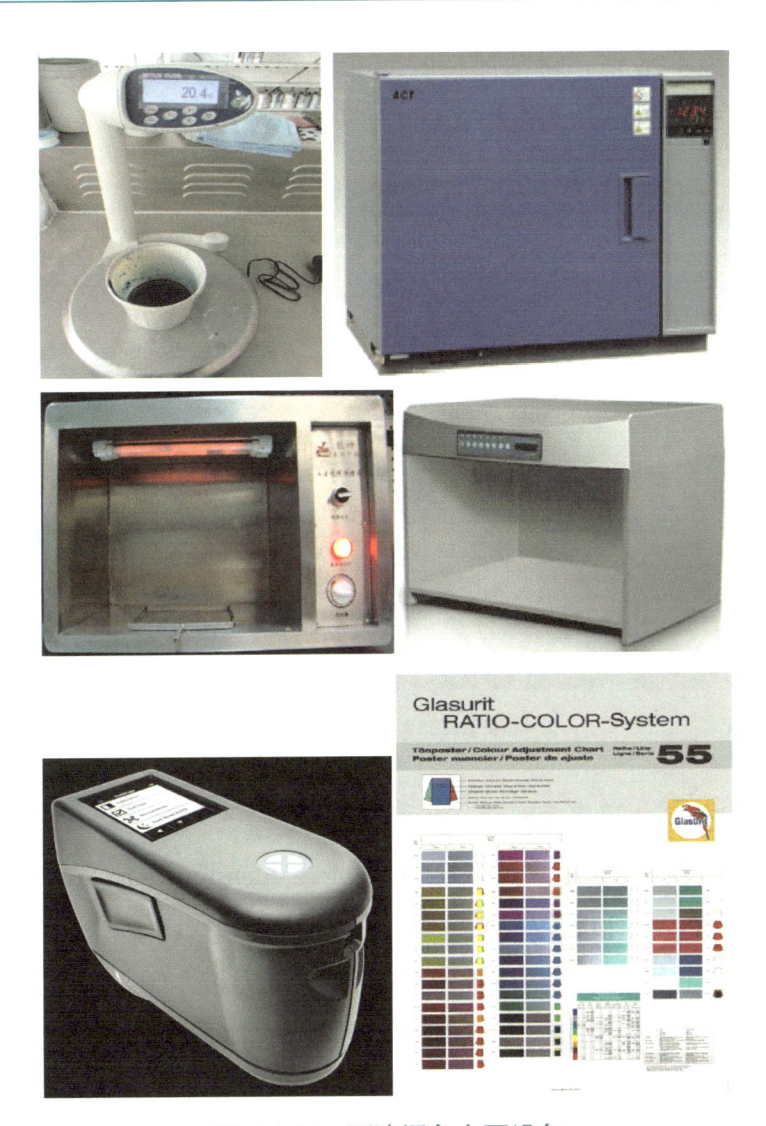

图 6-1-14　面漆调色主要设备

配方计算机：用以配方查询。

2. 人员准备

参训学生穿戴好防护用品，将实训用品摆放整齐，等待老师指令，如图 2-2-4 所示。

活动三　施工

1. 清洁抛光

为了颜色比对的准确性，对于需要喷漆板件的相邻板件进行清洁，并用细蜡抛光处理，以恢复漆面原有效果。如果没有经过抛光处理，车漆不平整，封釉保持时间非常短，根本起不到长期附着的效果。可根据车况，调整抛光进度，如图6-1-15所示。

图6-1-15　汽车抛光

2. 查找车身颜色代码

车辆识别代码简称为VIN（Vehicle Identification Number）码，由一组17位字母和阿拉伯数字组成，通过查找VIN码来确定车辆的颜色代码，我国轿车的VIN码大多可以在仪表板左侧、风窗玻璃下面找到。该序列号可以通过与车辆相关的文档，向油漆供应商提供汽车颜色代码，以获得与汽车油漆完全匹配的颜色，如图6-1-16所示。

如果车身上找不到汽车颜色代码，则在车身漆面上找一块易于比色的地方，用除油剂和干净毛巾擦拭，使之露出漆面原来的颜色，然后将色卡组中的色卡与原涂层的颜色进行对比，找出与原涂层颜色最接近的色卡，在色卡上找出对应的颜色代码。

> 注意：
> 在车身上找颜色代码所调的颜色比较准确，在可能的情况下尽量选用。

3. 确定初始配方

通过车架识别号，查询到其车身颜色代码为××××，通过计算机查询颜色配方，在互联网上在线查询最新配方。配方光盘由油漆供

项目六 颜色微调

驾驶人侧仪表盘上铭刻
从风窗玻璃外面向仪表盘上看，在风窗玻璃底端的位置

驾驶人车门的门缝
在车外拉开驾驶人的车门，观察门摆，VIN码写在这里

发动机外壳上
掀起前盖，发动机壳上写着VIN码

图 6-1-16 汽车 VIN 码的位置

应商提供。分析配方，确定配方采用的是绝对量，确保色母加入量的准确性，如图 6-1-17 所示。

目标		0.2		ltr / kg
色母		用量	累计	单位
M4		135.4	135.4	g
M99/00		4.6	140.0	g
M99/04		4.4	144.4	g
M99/02		4.0	148.5	g
E850		3.2	151.7	g
A924		27.6	179.3	g
A307		8.7	188.0	g
A032		4.2	192.3	g
A427		0.8	193.1	g
M1		8.7	201.7	g

图 6-1-17 汽车面漆配方

4. 混合配方

根据配方在调色架上选取相应的色母，用干净的擦布将调漆杯、调漆尺、电子秤等擦拭干净。充分搅拌色母，使颜色混合均匀。注意杯壁上粘有少量色母，一定要用调漆尺刮到涂料中，否则会使颜色失准，如图 6-1-18 所示。

图 6-1-18　面漆搅拌

5. 喷涂样板

按照面漆的喷涂要求进行样板喷涂，放入烘箱进行烘干，与实车颜色进行对比。样板的喷涂手法和喷涂参数要与实车喷涂尽量相同，如图 6-1-19 所示。

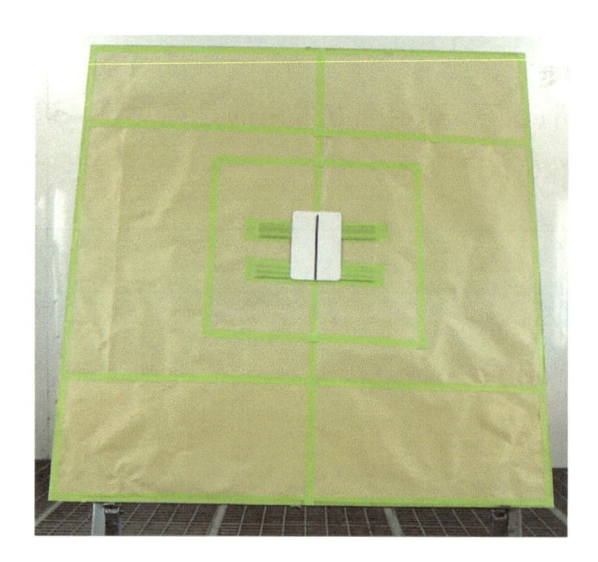

图 6-1-19　喷涂样板

6. 实车比对颜色

与实车比对颜色时，从色调、明度、饱和度三个方面分析样板与车身颜色的差异。调色员应穿着无反光、非彩色服装，并从正侧面确定颜色效果，如图 6-1-20 所示。

7. 进行微调

颜色微调，确定最终颜色。色母的添加要主次循环，不要一次添加过量，尽量调整色母配方中的颜色，如图 6-1-21 所示。

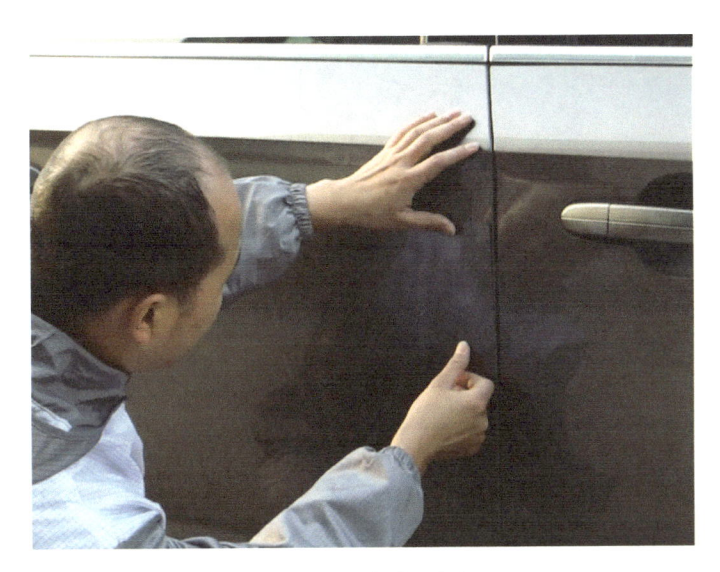

图 6-1-20　样板颜色对比（一）

图 6-1-21　样板颜色微调

8. 完成调色

最后喷涂样板，细致分析颜色差异，可根据色母的特性，借助比色箱中 D65、钠灯、紫灯等光源来进行仔细分析。如果颜色差异比较明显，则需要再次添加少量的色母。如果差异很小或很难分辨差异，则完成调色，进行实际喷涂，如图 6-1-22 所示。

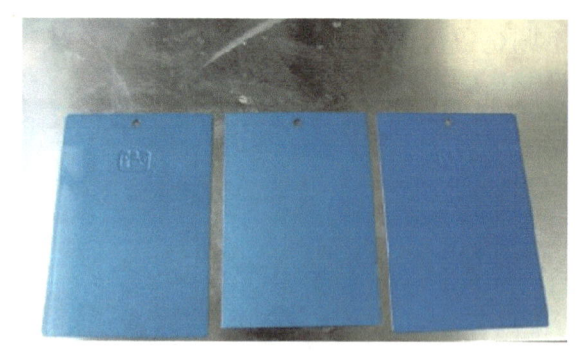

图 6-1-22　样板颜色比对（二）

活动四　教学评价

教学评价要按照颜色微调考核评分表进行，见表 6-1-1。

表 6-1-1　颜色微调考核评分表（100 分）

考核时间	考核项目	配分	评分标准	得分
30min	安全防护	10	防护服、安全鞋、护目镜、防尘口罩、一次性乳胶手套，缺任何一项或佩戴不正确，每项扣 2 分	
	调色过程	10	电子秤使用前未归零扣 1 分，使用前未清洁量杯与电子秤扣 1 分，浆盖未清洁扣 1 分	
		20	色母添加顺序不正确，未按重量从大到小添加扣 1 分	
		20	调色过程中色漆未充分搅拌扣 1 分，调色过程中未计数称量扣 1 分	
		10	电子秤使用结束未关闭扣 1 分	
	调色效果	20	目测评价选手所喷涂的色漆与样板色差是否一致，色差最小者不扣分，色差最大者扣 60 分，以 3 分为一档；以此类推进行计算	
	7S 整理	10	操作完毕后未恢复原位扣 10 分	

参 考 文 献

[1] 吴兴敏,赵国军. 汽车喷漆修复技术 [M]. 北京:化学工业出版社,2021.
[2] 陈甲仕. 汽车钣金喷漆技术彩色教程 [M]. 北京:机械工业出版社,2019.
[3] 陈豪. 汽车钣金修复与涂装技术 [M]. 北京:化学工业出版社,2020.
[4] 杨智勇. 汽车钣金喷漆入门 [M]. 北京:金盾出版社,2016.